한 땀 한 땀,
내 손으로 완성하는
사랑스러운
솜인형과 소품

나의 첫 핸드메이드 솜인형

안지혜 지음

중앙books

prologue

어린 시절의 저를 돌아보면 늘 책상에 앉아 책을 읽거나
무언가를 꼬물꼬물 만들곤 하는 아이였어요.
방학이면 봉제공장을 하는 고모 집으로 놀러갔어요.
그곳에서 저는 고모 집보다 공장에서 하루 종일 놀곤 했어요.
예쁜 원단 조각과 고모가 만든 옷, 인형 사이에 파묻혀
행복한 시간을 보냈어요.
그 후로도 엄마가 종종 뜨개질로 카디건을 만들어주셨는데,
그 모습을 보면서 손으로 직접 만드는 물건에 대한
애정을 갖게 됐어요.
대학 시절 우연히 들른 테디 베어 공방에서 작은 곰인형들을 보고
한눈에 반했어요. 그때 저는 바느질하는 시간이 정말 행복하다고
생각했답니다. 그 후 결혼을 하고 아이를 키우며 직접 만든
인형과 옷을 아이들에게 선물했어요. 내가 직접 만든 작은 인형들로
너무나 행복해하는 아이들을 보면 저도 큰 행복을 느꼈어요.
내 손끝에서 탄생한 것들을 좋아해주는 사람들을 볼 때면 행복감이
저를 가득 채웠어요. 그리고 나를 온전한 나로 더 사랑할 수 있게
되었어요. 이 책을 열자마자 사랑스러운 인형들이 여러분을 반겨줄
거예요. 처음 인형을 만드는 분들도 쉽게 따라 할 수 있어요.
저만의 몽글몽글한 감성과 노하우를 모두 담았답니다.
'핸드메이드 솜인형'을 만드는 즐겁고 행복한 시간을
여러분과 함께 나누고 싶어요.

안지혜

contents

Prologue   7

PART 1

기본 다지기

Basic

기본 도구 소개	42
패턴 도안 읽기	46
털 원단 재단하기	48
원단의 특징	50
기본 바느질	51
가위집 넣기	52
인형 세탁하기	53

PART 2

솜인형 만들기

Stuffed animals

쪼꼬미	56
유과곰·송편냥	60
롭이어 토끼	64
판다	68
펭귄	74
멍멍이	78
공룡	84
여우	90
Plus Page 솜인형으로 키링 만들기	95
다람쥐	96
고양이 얼굴 키링	100

PART 3

원피스와 소품 만들기

나뭇잎 가방	108
레이스 머리띠	110
멍멍이 목걸이	114
안대	116
보닛	120
스카프	122
야구모자	126
원피스	128

PART 4

실물 패턴 도안

쪼꼬미	134
유과곰·송편냥	136
롭이어 토끼	138
판다	141
펭귄	144
멍멍이	145
공룡	147
여우	150
다람쥐	152
고양이 얼굴 키링	154
소품	158

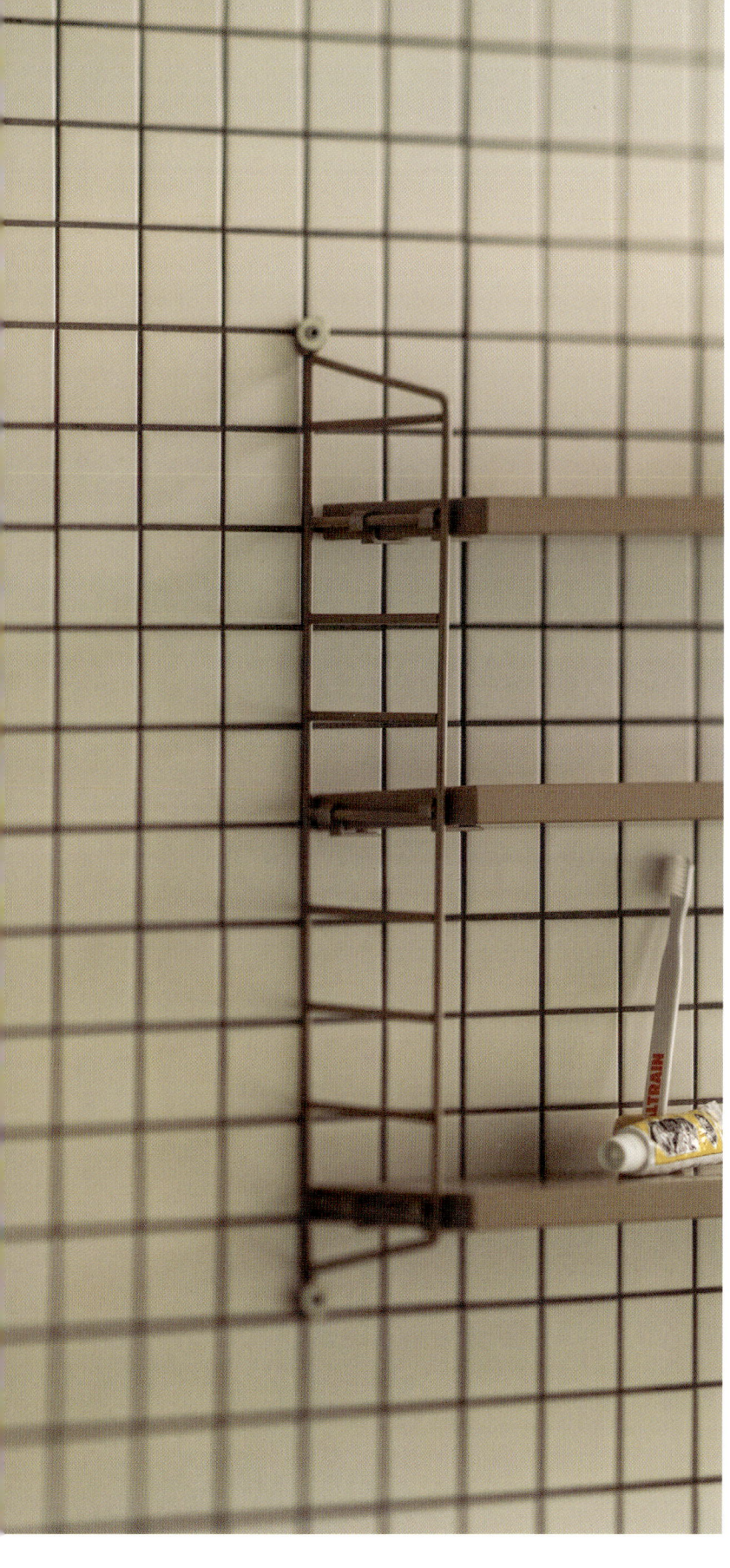

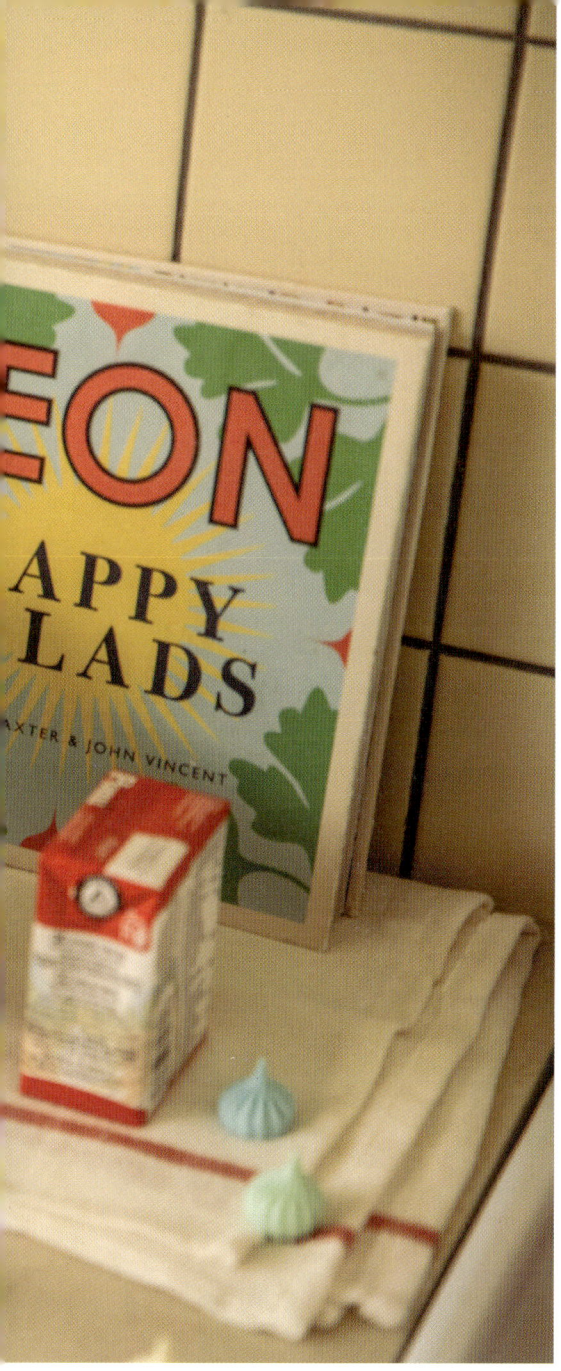

PART 1

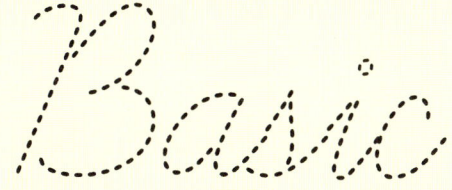

〈 기 본   다 지 기 〉

솜인형을 만들기 전 기본적으로 알아야 할 내용들을 정리했어요.
필요한 도구, 기본 바느질, 패턴 도안 읽는 법 등을 익히며
기본기를 찬찬히 다져두세요.
기본 바느질만 할 수 있다면 누구나 사랑스러운 솜인형을 만들 수 있답니다.

기본 도구 소개

43

1   포도가위

저렴하고 쉽게 구할 수 있어요. 철물점에서 구입할 수 있고, 가격도 저렴해서 편하게 쓸 가위로 추천해요.

2   초키가위

앞이 뾰족하고 날이 짧아서 털 원단뿐만 아니라 펠트를 자르거나 털을 정리할 때도 좋아요. 가격은 약 1만 원대로 조금 가격이 높지만, 일반 가위보다 편하고 질 좋은 가위를 쓰고 싶거나 도구 욕심이 있는 분에게 추천해요.

3   단추눈, 나사눈, 반쪽눈

솜인형의 눈을 표현할 때 주로 사용하는 눈 3가지예요. 단추눈은 뒷면에 고리가 있어서 바느질해서 고정해요. 나사눈은 뒷면에 나사못이 있어 송곳으로 인형에 구멍을 뚫고 끼워서 고정해요. 반쪽눈은 뒷면이 평평한 반구 형태예요. 목공풀로 붙여 고정해요.

4   비즈

솜인형의 코를 표현할 때 주로 사용해요. 작은 인형의 눈을 표현할 때도 사용해요. 소품을 장식할 때도 유용해요.

5   송곳

두께가 일정한 송곳은 주로 바느질 선이나 눈, 코에 낀 털을 빼내고 정리할 때 유용해요. 두께가 점점 굵어지는 송곳은 원단에 구멍을 뚫을 때 주로 사용해요. 깊게 찔러 넣을수록 큰 구멍이, 얕게 찔러 넣을수록 작은 구멍이 생겨요. 특히 인형에 나사눈을 달 때, 나사눈 사이즈에 맞도록 구멍을 만들 수 있어 유용해요.

6   시침핀

원단을 고정할 때 사용해요. 눈과 귀의 위치를 표시할 때도 유용해요.

7   실

흰색 실과 검정색 실 2종류를 준비해두면 유용해요. 흰색 실은 밝은 원단에, 검정색 실은 어두운 원단에 사용해요.

8   자수 실

눈이나 코를 수놓을 때 사용해요. 주로 4겹으로 겹쳐서 사용해요. DMC 실이나 다이소 실을 사용하는데, DMC 실이 수를 놓았을 때 살짝 광택이 돌아 예쁘답니다.

9 　볼펜
패턴을 원단에 그릴 때 사용해요. 수성펜은 세탁할 때 잉크가 번질 수 있으니 사용하면 안 돼요.

10 　패브릭용 은색 펜
어두운 색상의 원단 위에 패턴을 그릴 때 사용해요.

11 　눈썹가위
솜인형 완성 직전 마무리 단계에서 얼굴의 털을 정리할 때 사용해요. 세심하게 털을 정리할 수 있어요.

12 　겸자
좁은 면적이나 복잡한 모양의 인형 안쪽에 솜을 채울 때 사용해요. 원단을 뒤집을 때도 유용하답니다.

13 　칫솔, 꼬리빗, 눈썹빗
털을 빗질하고 정리할 때 사용해요. 결을 정돈할 때는 칫솔을 사용하고, 털이 엉켰을 때는 꼬리빗이나 눈썹빗을 사용해 살살 풀어주기도 해요. 얼굴의 털을 칫솔로 잘 빗은 뒤 튀어나온 털을 잘라 정리할 때 유용해요.

14 　블러셔, 아이섀도, 브러시
솜인형을 완성한 뒤 볼을 발그레하게 물들일 때 사용해요. 파우더 타입의 블러셔나 아이섀도를 브러시에 묻힌 뒤, 솜인형의 볼에 콕콕 찍어 연출해요.

15 　바늘
다양한 사이즈의 바늘이 있는데 솜인형을 만들 때는 4~5cm의 긴 바늘을 추천해요.

16 　목공풀
솜인형에 반쪽눈을 붙이거나 기타 장식을 붙일 때 사용해요.

BASIC 2

패턴 도안 읽기

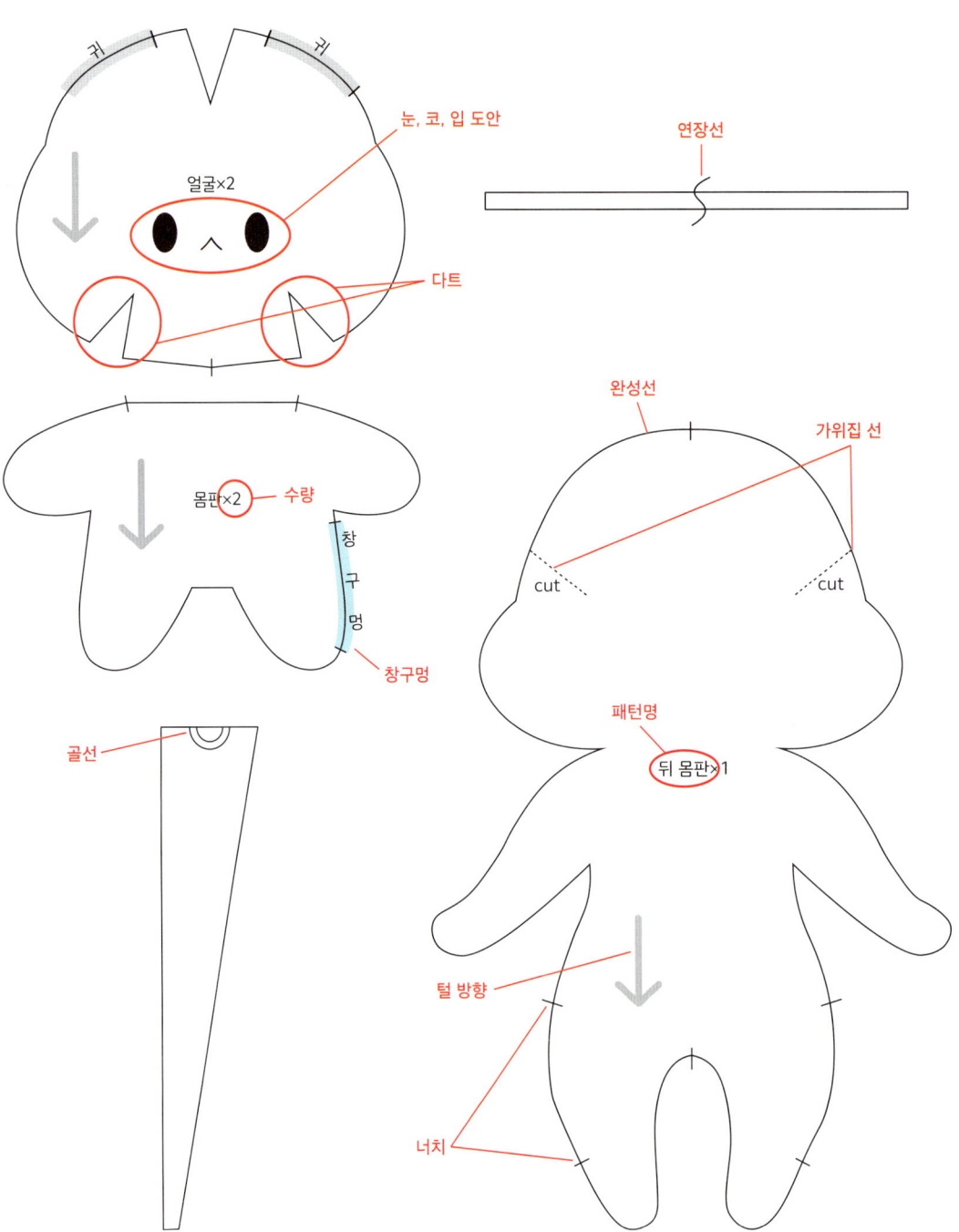

1　　털 방향

털의 결 방향을 의미해요. 털 방향에 맞춰서 패턴을 그리고 재단해요. 이 책에서는 기본적으로 털을 쓸었을 때 털 끝이 향하는 곳이 아래쪽을 향하도록 두고 패턴을 그려요.

2　　패턴명

각 패턴의 부위(몸판, 팔, 다리, 귀, 꼬리)와 위치(앞, 뒤, 좌, 우)를 의미해요.

3　　수량

패턴이 필요한 수량을 표시했어요. '좌·우 각×1'은 패턴 그대로 1장을 그린 뒤, 패턴을 뒤집어서 1장 더 그리는 것을 의미해요.

4　　완성선

시접이 제외된 실제 인형의 외곽선을 나타내는 선이에요. 완성선에 시접을 주어서 재단해요. 단 시접 없이 자르는 원단(펠트 등)도 있으니 본문을 참고하세요.

5　　연장선

도안이 반복되는 부분을 표시했어요. 도안에 표시된 치수만큼 그린 후 재단해요.

6　　눈, 코, 입 도안

눈, 코, 입이 위치할 곳을 표시해뒀어요. 펜으로 따라 그린 뒤 위치를 잡으면 편해요.

7　　너치

너치 표시가 있는 부분끼리 맞춰 시침핀으로 고정한 뒤 박음질하면 모양이 틀어지지 않아요.

8　　다트

다트 잡을 부분을 의미해요. 원단을 손가락으로 꼬집듯이 맞잡아 다트 선에 맞춰 박음질해요. 다트가 있는 부분은 볼륨이 생겨서 입체감을 줄 수 있어요.

9　　창구멍

창구멍은 원단을 뒤집거나 솜을 넣기 위해 바느질하지 않는 부분이에요. 창구멍을 최대한 작게 내야 인형을 완성했을 때 모양이 예뻐요.

10　　가위집 선

원단에 가위집을 넣을 부분을 표시했어요.

11　　골선

대칭을 이룬 도안 중 반쪽만 그렸다는 것을 의미해요. 반대쪽 부분에도 똑같이 도안을 그려요.

BASIC 3

털 원단 재단하기

〈 패턴 그리기 〉

1 　　　 **완성선 그리기**

먼저 실물 패턴 위에 트레이싱 종이를 대고 도안을
따라 그려요. 두꺼운 종이에 트레이싱 종이를 붙인 뒤 선을 따라 잘라요.
두꺼운 종이를 원단 위에 올린 뒤, 펜으로 따라 그려요.
원단의 안쪽 면에 패턴을 그려요.

> **TIP** 트레이싱 종이가 없다면 도안이 비쳐 보이는 얇은 종이로 대체해도 괜찮아요.
> 또는 도안을 복사해서 사용해요.

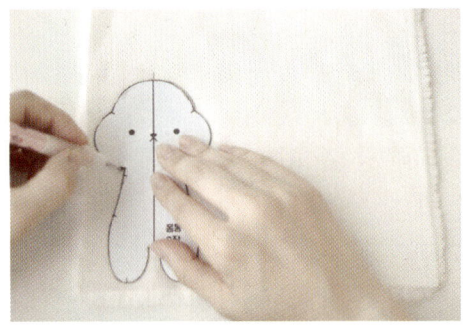 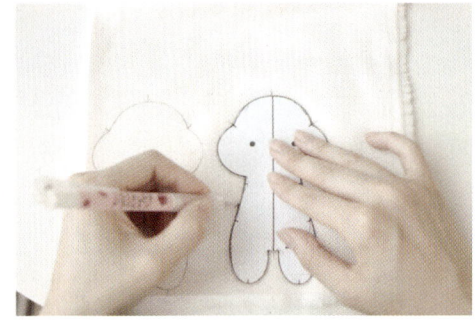

2 　　　 **시접선 그리기**

완성선에 시접 7mm를 준 뒤 시접선을 그려요.
너치를 7mm로 그리면 시접선을 모두 그리지
않아도 되어서 조금 더 편해요. 시접 없이
재단하거나 시접 길이가 다를 때도 있어요.
책에서 알려주는 대로 잘 따라 해보세요.

⟨ 재단하기 ⟩

털 원단을 재단할 때는 가위날을 털 사이에 밀어 넣으며 최대한 원단 쪽에
날을 붙여 잘라요. 가위를 아주 조금씩 움직이면서 잘라야 털이 적게 날려요.
털 원단의 잘린 면에 붙은 털을 손으로 쓸어주거나 돌돌이를 사용해 제거해요.
털 원단을 바느질할 때 인형을 완성한 후에도 털이 빠질까 봐 걱정하는 분들이
간혹 있어요. 원단의 잘린 면의 올이 풀리면서 붙어 있던 털이 빠지는 것이기
때문에, 인형을 완성하면서 원단을 뒤집으면 잘린 면이 인형 안으로 들어가
털이 빠지지 않으니 걱정하지 않아도 돼요.

원단의 특징

1   양털 원단

양털처럼 뽀글뽀글하고 털끝이 뭉쳐 있는 형태의 원단이에요. 털 부분이 잘려도 부스러기만 털어낼 수 있어서 일반 털 원단보다 재단하기 쉬워요. 바느질할 때는 실을 당겨가며 촘촘하게 바느질해야 뒤집었을 때 바느질 선이 보이지 않고 예쁘게 완성돼요.

2   털 원단

재단할 때 털 날림이 있어 신경을 써야 해요. 털 사이로 바느질 선이 가려지므로 바느질을 잘 못해도 어느 정도 커버가 된다는 장점이 있어요. 털 길이 5mm의 원단은 깔끔한 느낌을 연출할 수 있고, 털 길이 10mm의 원단은 복슬복슬한 느낌을 연출할 수 있어요.

3   극세사 원단

짧은 털이 붙어 있는 형태의 원단이에요. 인형 귀의 안쪽을 표현할 때 자주 사용해요. 털 길이 3mm, 5mm 등이 있는데, 털이 길수록 좀 더 풍성한 느낌을 준답니다. 약간의 신축성이 있다는 특징이 있어요.

4   펠트

소품을 만들거나 인형의 눈, 코, 입을 표현할 때 사용해요. 올이 풀리지 않는다는 장점이 있어 시접 없이 재단해도 되고, 끝 처리를 하지 않아도 돼서 편해요.

BASIC 5

기본 바느질

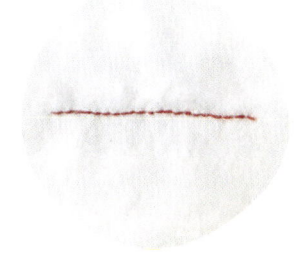
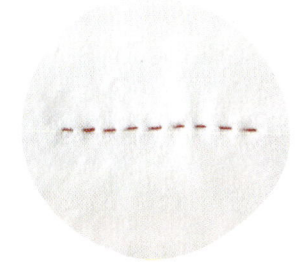
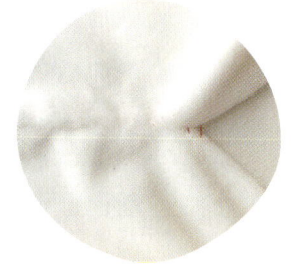

1   박음질

한 땀만큼 뒤로 돌아와 바느질하는 기법으로, 인형을 만들 때 기본적으로 가장 많이 사용해요. 원단을 튼튼하게 연결할 때 사용하며 털 원단을 바느질할 때 유용해요.

2   홈질

주름을 잡을 때나 얇은 면 원단을 바느질할 때 사용해요.

3   공그르기

시접 안쪽으로 바늘땀을 뜨는 기법으로, 겉에서 바늘땀이 보이는 것을 최소화하는 기법이에요. 촘촘하게 공그르기를 하면 감쪽같답니다. 주로 창구멍을 막아서 마무리할 때 사용해요.

4   휘갑치기

주로 인형 귀의 끝을 막을 때 사용해요. 다른 부위의 털 원단과 연결할 부분이고, 대부분은 털에 가려 잘 보이지 않기 때문에 대충 바느질해도 괜찮아요. 창구멍이 작거나, 공그르기가 어려운 분들은 휘갑치기 해서 막아도 된답니다. 털 원단의 특성상 바느질 선이 잘 안 보인다는 점 때문에 가능한 꼼수예요.

5   프렌치넛 스티치

동그란 모양이 되는 귀여운 바느질법이에요. 자수를 놓거나 펠트를 오려 눈을 표현할 때 프렌치넛 스티치로 포인트를 넣어주면 눈이 반짝이는 모습을 연출할 수 있어요.

가위집 넣기

패턴을 따라 박음질한 뒤, 원단을 뒤집기 전에는 시접에 가위집을 넣어야 해요. 원단이 꺾이는 부분이나 곡선 부분의 시접을 가위로 살짝 잘라주는 작업이에요. 특히 다리 사이, 팔과 몸판 사이에는 꼭 가위집을 넣는데, 원단을 뒤집었을 때 모양이 예쁘게 나오게 하기 위해서예요.

원단이 뒤집히면서 시접이 안쪽 면으로 들어가게 되는데 시접의 모서리나 곡선 부분에 가위집을 넣지 않으면 시접이 울거나, 팽팽하게 당겨지는 경우가 생겨서 인형 모양에도 영향을 줘요.

가위집을 넣을 때는 바느질 선이 잘리지 않도록 주의해야 해요. 시접에 약간의 여유를 둔 뒤 잘라요. 앞뒤 원단에 한 장씩 가위집을 넣어야 바느질 선이 잘릴 위험을 줄일 수 있어요.

인형 세탁하기

핸드메이드 솜인형은 세탁을 최대한 하지 않는 게 좋아요. 털 원단 특성상 세탁을 하면 털이 망가질 수 있고 세탁 과정에서 인형의 모양이 뒤틀릴 수도 있거든요. 평소 자주 칫솔로 빗질을 해 먼지를 없애는 게 가장 좋아요. 작은 오염은 물티슈를 사용해 털 방향으로 쓸듯이 닦아 제거해요.

꼭 세탁을 해야 한다면 먼저 비누 거품을 낸 뒤, 거품을 오염 부위에 올려요. 칫솔을 털의 결 방향으로 쓸어주면서 살살 눌러가며 손세탁을 해주세요. 절대 하지 말아야 할 행동은 세탁할 때 인형을 비틀거나 털을 비비거나 털의 역방향으로 쓸어올리는 거예요. 그럼 털 원단이 망가질 수 있어요.

흐르는 물로 비누 거품을 충분히 제거하고, 깨끗한 수건이나 천으로 꾹꾹 눌러 물기를 제거해요. 인형 모양이 망가질 수 있으니 절대 비틀어서 물기를 짜내면 안 돼요. 물기를 충분히 제거한 뒤 그늘에 놓고 말려요. 눈썹빗이나 꼬리빗으로 털을 살살 빗어 모양을 잡은 후 말리면 더욱 좋아요. 바짝 말린 후에는 칫솔로 털을 빗질해서 마무리해요.

PART 2

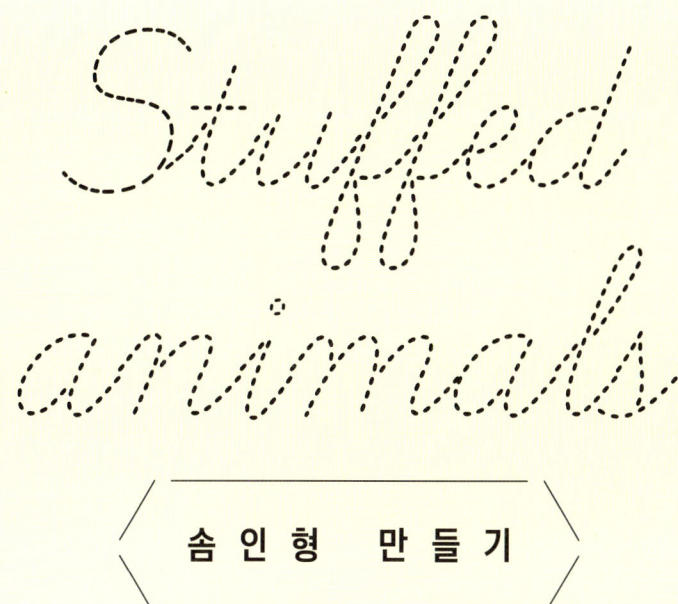

〈 솜인형 만들기 〉

한 땀 한 땀 따라 만들다보면, 금세 솜인형 하나가 완성돼요.
책과 똑같이 만들어도 좋고, 내 마음대로 조합해봐도 좋아요.
마음에 드는 색상의 원단을 고른 뒤, 얼굴과 귀, 꼬리를 내 마음대로 조합해봐요.
세상에 하나뿐인 솜인형을 만들 수 있어요!

쪼꼬미

조그맣고 귀여운 쪼꼬미 인형이에요. 4종류의 귀 패턴을 준비했어요.
세상에 하나뿐인 나만의 인형을 만들어봐요.
귀 모양을 어떻게 연출하는지에 따라 다양한 이미지를 연출할 수 있답니다.

HOW TO MAKE

[재료]

| 12cm 사이즈 | 원단······털 원단
단추눈(5mm)······2개
솜······적당량 |

✎ 실물 크기 패턴
134p

1

원단에 각각의 패턴을 그리고 시접 7mm를 준 뒤 잘라서 준비해요.

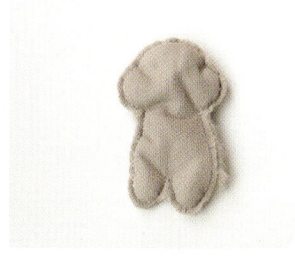

2

재단한 앞 몸판과 뒤 몸판을 겉면끼리 맞댄 뒤 박음질해요.

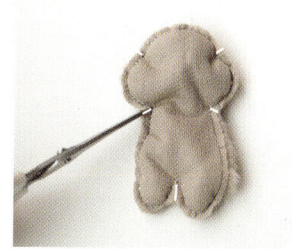

3

시접의 모서리에 가위집을 넣어요.

4

겉면이 바깥으로 오도록 원단을 뒤집은 뒤 창구멍을 통해 솜을 채워요.

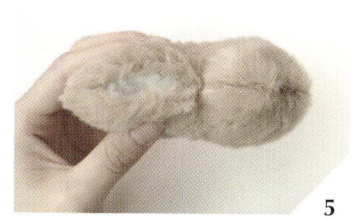

5

창구멍을 공그르기해서 막아요.

6

재단한 귀를 겉면끼리 맞댄 뒤 박음질해요.

How to make

원단을 뒤집어서 귀를 완성해요.

재단한 팔을 겉면끼리 맞댄 뒤 박음질해요.

원단을 뒤집어서 팔을 완성해요.

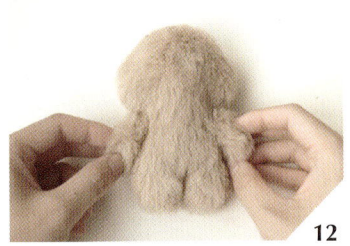

겸자를 사용해 솜을 적당히 채워요.

TIP 면적이 좁은 곳에 솜을 넣을 때 겸자를 사용하면 편해요!

창구멍을 공그르기해서 막아요.

몸통에 팔을 연결해볼게요.

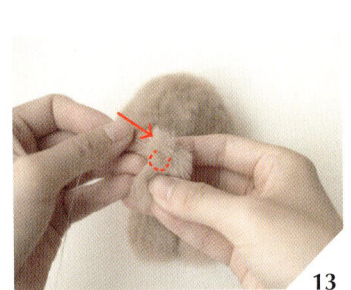
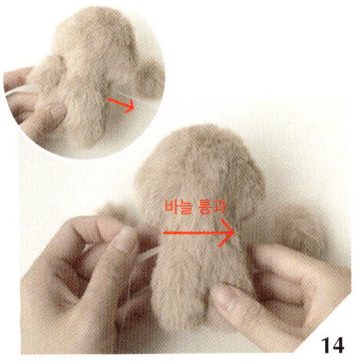

팔의 안쪽 면을 바늘로 한 땀 떠요.

몸통의 팔 위치에 바늘을 넣어 몸통을 통과해요. 반대편 팔도 **13~14**를 반복해 몸통에 연결해요.

여러 번 반복해 양팔을 튼튼하게 고정해요.

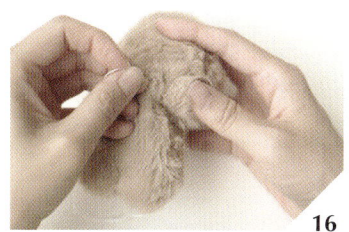

16

팔의 안쪽으로 바느질 매듭을 지어요. 이렇게 하면 매듭이 눈에 띄지 않아요.

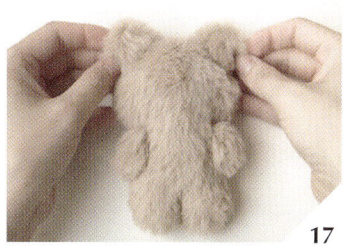

17

귀를 원하는 위치에 얹고 공그르기해서 머리와 연결해요.

TIP 귀 위치, 각도에 따라 다양한 이미지를 연출해서 나만의 인형을 만들어보세요.

18

눈을 원하는 위치에 얹은 뒤 바느질해서 고정해요.

TIP 눈의 위치에 따라 얼굴의 느낌이 많이 달라지니 이리저리 옮겨보며 마음에 드는 위치를 찾아요.

19

칫솔로 털을 잘 빗어서 정리해요.

TIP 바느질 선에 털이 껴 있는 경우는 송곳으로 빼내면 깔끔해져요.

20

먼저 코가 위치할 곳의 털을 잘라서 정리해요. 코는 바느질해서 만들어볼게요.

21

만들고 싶은 코의 가로 폭만큼 일자 형태로 여러 번 바느질해서 코를 표현해요. 코 아래로 'ㅅ'자 모양으로 입을 표현해요.

TIP 바느질 선의 위를 덮으면서 여러 번 바느질하면 코와 입이 통통해져요.

22

칫솔로 얼굴 털을 잘 빗어서 정리해요.

23

눈과 코를 가리는 털을 가위로 조금씩 잘라 정리해서 완성해요.

TIP 블러셔를 발라 발그레한 볼을 표현해주면 더 귀엽답니다.

유과곰·송편냥

작고 귀여운 아기 곰과 고양이 인형이에요.
눈, 코, 입을 자수를 놓아 연출할 수 있도록 준비했어요.
원하는 대로 얼굴을 다양하게 표현해봐요!

HOW TO MAKE

[재료]

15cm 사이즈
- 원단······양털 원단
- 자수 실······2개
- 솜······적당량

✎ 실물 크기 패턴
유과곰 136p
송편냥 137p

※ 유과곰과 송편냥은 만드는 방법이 동일해요.
원하는 패턴을 선택해 만들어요.

1
원단에 각각의 패턴을 그리고 시접 7mm를 준 뒤 잘라서 준비해요.

2
재단한 귀의 털 원단과 극세사 원단을 겉면끼리 맞댄 뒤 박음질해요.

3
겉면이 바깥으로 오도록 귀를 뒤집어요.

4
얼굴에 표시된 다트를 맞잡아 다트 선을 박음질해요.

TIP 다트 선은 실물 패턴 도안에 표시했어요!

5
얼굴과 몸의 연결부를 겉면끼리 맞댄 뒤 박음질해서 연결해요.

6
펜으로 얼굴 뒷면에 원하는 모양의 눈, 코, 입을 그려요.

How to make

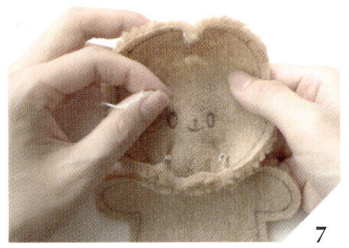

7 원하는 색상의 자수용 실을 준비한 뒤 밑그림에 맞춰 자수를 놓아볼게요.

TIP 실이 너무 얇으면 면을 채우기가 힘들어요. 저는 실을 4겹 겹쳐서 사용해요.

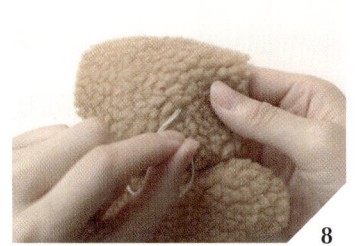

8 먼저 눈의 중심부에 세로로 한 줄 수놓은 뒤, 양옆으로 촘촘하게 수를 놓아 동그란 눈을 표현해요.

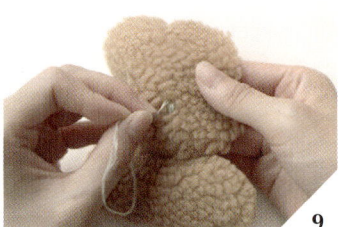

9 눈 모양이 완성되면 바느질 선의 위를 덮으면서 여러 번 바느질해서 모양도 다듬고 통통하게 만들어요.

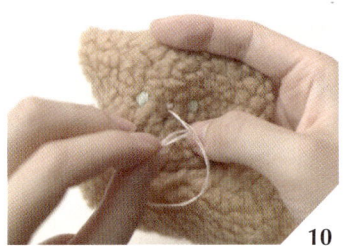

10 코와 입도 수를 놓은 뒤, 그 위로 한 번 더 수를 놓아 덮어서 통통하게 만들어요.

11 앞 원단에 귀를 올려요.

12 귀를 안쪽으로 접듯이 올려요. 이때 귀 끝이 몸쪽을 향하도록 해요.

13 **12**의 위로 뒤 원단을 겉면끼리 맞닿도록 올려요.

14 창구멍을 남기고 박음질해요.

15 시접의 모서리에 가위집을 넣어요.

겉면이 바깥으로 오도록 뒤집어요.   창구멍을 통해 인형에 솜을 채우고, 창구멍을 공그르기해서 막은 뒤 완성해요.

롭이어 토끼

사랑스러운 롭이어 토끼입니다.
축 처진 귀가 양갈래 머리를 한 듯 보여 소녀 같은 느낌을 줘요.
귀에 리본을 묶어주면 더 귀엽답니다.

HOW TO MAKE

[재료]

17cm 사이즈 원단······털 원단, 극세사 원단
단추눈(8mm)······2개
솜······적당량

✒ 실물 크기 패턴
138p

1

원단에 각각의 패턴을 그리고 시접 7mm를 준 뒤 잘라서 준비해요. 이때, 꼬리는 시접 없이 잘라요.

2

재단한 귀의 털 원단과 극세사 원단을 겉면끼리 맞댄 뒤 박음질해요.

3

겉면이 바깥으로 오도록 원단을 뒤집어요.

4

귀를 반 접어 끝을 휘갑치기해서 막아요. 뒤통수 안으로 들어갈 부분이라 대충 바느질해도 괜찮아요.

5

뒤 몸판의 도안에 표시된 선을 따라 가위집을 넣어요. 이때, 가위날을 털 사이로 잘 밀어 넣어 원단만 잘라야 해요.

6

5에서 가위집을 낸 곳에 4의 귀를 끼워요.

65

How to make

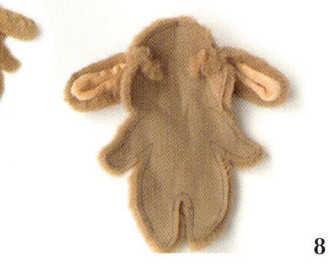

7 표시된 부분을 박음질해서 양 귀를 고정해요.

8 귀를 박음질하면 이런 모양이 돼요.

9 앞 몸판에 표시된 다트를 접어 박음질해요.

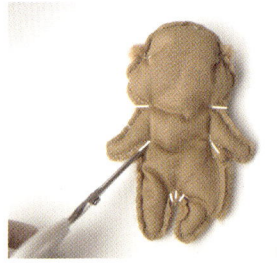

10 뒤 몸판의 귀를 안쪽으로 모아요.

11 10의 위에 앞 몸판을 겉면끼리 맞닿도록 올린 뒤 창구멍을 남기고 박음질해요.

12 시접의 모서리에 가위집을 넣어요.

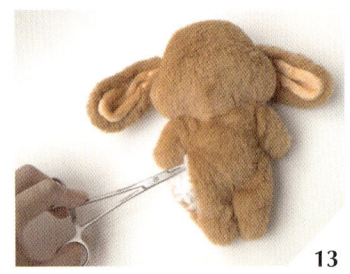
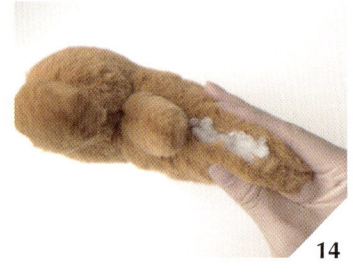

13 인형의 겉면이 바깥으로 오도록 뒤집어 솜을 채워요. 먼저 머리를 채우고, 팔, 다리, 몸통 순서로 솜을 채워요.

TIP 겸자를 사용하면 모양이 복잡한 부분에도 쉽게 솜을 채울 수 있어요.

14 창구멍을 공그르기해서 막아요.

15 꼬리의 가장자리를 홈질해요.

16

홈질한 실을 살짝 당겨서 꼬리를
오므린 뒤 솜을 채워요.

17

실을 바짝 당겨 솜이 보이지
않을 때까지 오므린 뒤 바느질해
벌어지지 않도록 해요.

18

엉덩이에 꼬리를 올린 뒤
공그르기해서 몸통과 연결해요.

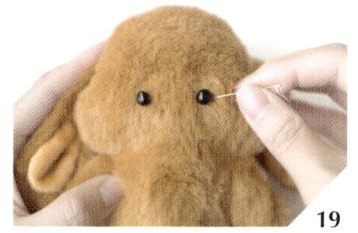

19

몸통 옆쪽으로 바늘을 넣은 뒤 눈을
바느질해요. 양 눈을 오가며 여러 번
바느질해 단단히 고정해요.

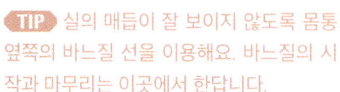
 TIP 실의 매듭이 잘 보이지 않도록 몸통
옆쪽의 바느질 선을 이용해요. 바느질의 시
작과 마무리는 이곳에서 한답니다.

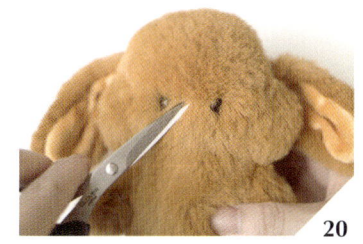

20

코를 표현할 위치의 털을 잘라서
정리해요.

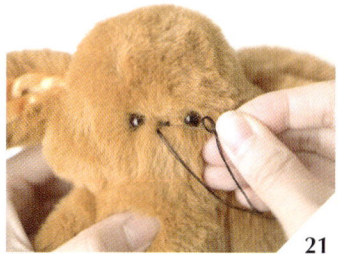

21

만들고 싶은 코의 가로 폭만큼
일자로 여러 번 바느질해서 코를
표현해요.

 TIP 바느질 선의 위를 덮으면서 여러 번
바느질하면 코가 통통해져요.

22

칫솔로 털을 잘 빗어서 정리해요.

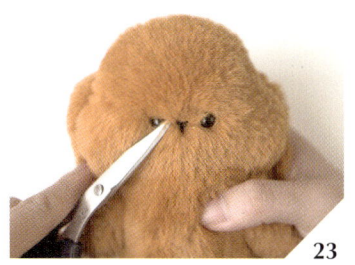

23

눈과 코를 가리는 털을 가위로
조금씩 잘라 정리해서 완성해요.

 TIP 볼터치를 하거나 귀에 리본을 묶어
서 연출하면 더 귀여워진답니다.

판다

뒷모습까지 너무 귀여운 판다 인형입니다.
팔과 다리를 원하는 위치에 달아봐요.
다양한 포즈를 취하는 나만의 판다를 만드실 수 있어요.

HOW TO MAKE

[재료]

| 15cm 사이즈 | 원단······털 원단(흰색, 검은색), 펠트(검은색)
단추눈(5mm)······2개
솜······적당량 | 실물 크기 패턴 141p |

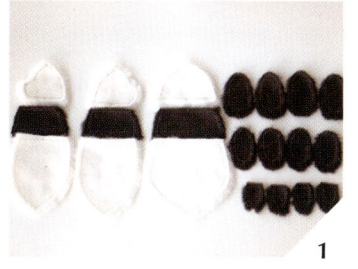

1
원단에 각각의 패턴을 그리고 시접 7mm를 준 뒤 잘라서 준비해요.

2
판다의 눈 무늬는 펠트에 패턴을 그린 뒤 시접 없이 잘라서 준비해요.

3
팔과 다리의 원단을 겉면끼리 맞댄 뒤 창구멍을 남기고 박음질해요.

4
겉면이 바깥으로 오도록 뒤집어요.

5
창구멍을 통해 팔과 다리에 솜을 채워요.

6
팔과 다리의 창구멍을 공그르기해서 막아요.

How to make

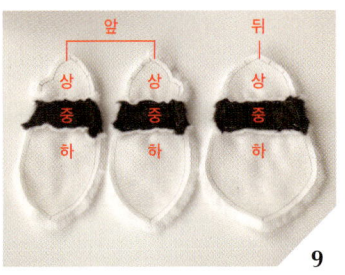

7 재단한 귀 원단을 겉면끼리 맞댄 뒤 창구멍을 남기고 박음질해요.

8 귀의 겉면이 바깥으로 오도록 원단을 뒤집어요.

9 앞 몸판과 뒤 몸판의 상, 중, 하를 겉면끼리 맞댄 뒤 박음질해요.

10 앞 몸판 두 장을 겉면끼리 맞댄 뒤 표시한 부분을 박음질해요.

11 박음질해서 연결한 앞 몸판을 펼쳐요. 이때 겉면이 위로 오도록 해요.

12 11의 위에 뒤 몸판을 겉면끼리 맞닿도록 올려요.

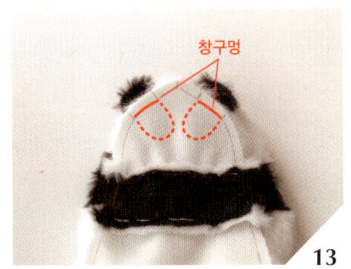

13 앞 몸판과 뒤 몸판 사이에 귀 위치를 잡은 뒤 8의 귀를 끼워요. 창구멍이 위로 가도록 귀를 놓아요.

14 창구멍을 남기고 박음질한 뒤, 겉면이 바깥으로 오도록 원단을 뒤집어요.

15 창구멍을 통해 몸통에 솜을 가득 채워서 빵빵하게 표현해요. 생각보다 솜이 많이 들어가니 솜을 여유 있게 준비해요.

TIP 솜을 먼저 채우고 인형의 아래쪽에 pp볼(펠렛)을 채우면 넘어져도 오뚝이처럼 일어나는 인형을 만들 수 있어요.

16 창구멍을 공그르기해서 막아요.

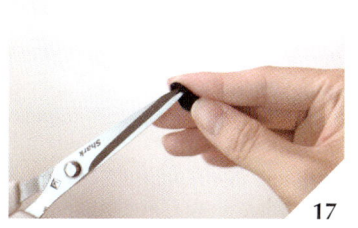

17 펠트 위의 눈 위치에 가위집을 살짝 넣어요.

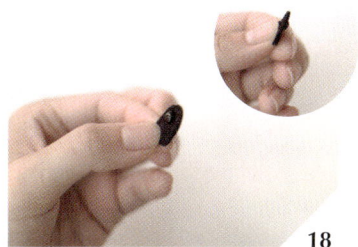

18 가위집을 낸 부분에 단추눈을 끼워요.

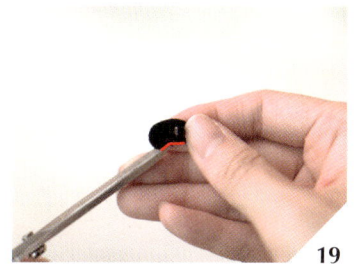

19 원하는 눈 무늬 모양이 있다면 이 과정에서 펠트를 다듬어 원하는 모양을 만들어요. 저는 살짝 꺾이는 느낌으로 무늬를 만들었어요.

20 원하는 위치에 펠트를 올린 뒤 단추눈과 인형을 바느질해서 연결해요.

21 코를 표현할 위치의 털을 잘라서 정리해요.

22 만들고 싶은 코의 가로 폭만큼 일자로 여러 번 바느질해서 코를 표현해요. 코 아래 'ㅅ'자 모양으로 입을 표현해요.

TIP 바느질 선의 위를 덮으면서 여러 번 바느질하면 코와 입이 통통해져요.

23 팔과 다리를 몸통과 연결할게요. 팔과 다리의 위치에 따라 다양한 포즈를 만들 수 있어요. 팔과 다리를 이리저리 움직이며 원하는 포즈를 찾아요.

24 팔의 안쪽 면을 바늘로 한 땀 떠요.

How to make

25

몸통의 팔 위치에 바늘을 넣어 몸통을 통과해요.

26

몸통을 통과한 바늘로 반대편 팔의 안쪽 면을 바늘로 한 땀 떠요.

27

다시 몸통의 팔 위치에 바늘을 넣어 몸통을 통과해요. 여러 번 반복해서 몸통과 양팔을 튼튼하게 고정해요. 팔의 안쪽 면에서 매듭을 지어요.

28

다리도 **24~27**과 동일한 방법으로 연결해요.

TIP 실을 당겨주면 팔, 다리가 몸통에 착 붙어요.

29

칫솔로 털을 잘 빗어서 정리해요.

30

눈과 코를 가리는 털을 가위로 조금씩 잘라서 완성해요.

펭귄

귀여운 아기 펭귄 인형이에요. 머리가 큰 디자인이라 더 귀엽답니다.
부리 표현하는 법을 배울 수 있으니 잘 따라 해보세요!

HOW TO MAKE

[재료]

13cm 사이즈 | 원단······털 원단(흰색, 회색, 검은색), 펠트(두께 2mm, 검은색)
단추눈(9mm)······2개
솜······적당량

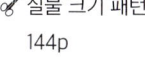 실물 크기 패턴
144p

1

원단에 각각의 패턴을 그리고 시접 7mm를 준 뒤 잘라서 준비해요.

2

부리는 검정색 펠트로 시접 없이 잘라서 준비해요.

TIP 꼭 두께가 있는 펠트로 만들어야 해요! 두께가 얇은 펠트는 부피감이 없어 예쁜 부리 모양이 나오지 않아요.

3

재단한 앞 얼굴을 겉면끼리 맞댄 뒤 박음질해요.

4

시접에 가위집을 넣어요.

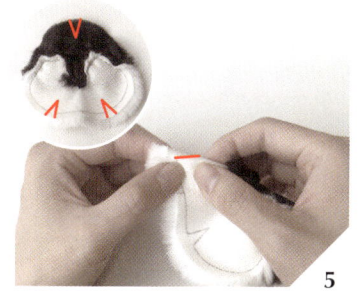

5

다트를 맞잡아 다트 선을 박음질해요. 이때 원단을 접어 양쪽을 잘 맞춰가며 박음질해요.

6

다트를 넣으면 이렇게 볼륨감이 생겨요.

How to make

7

뒤 얼굴 원단도 다트를 맞잡아 다트 선을 박음질해요.

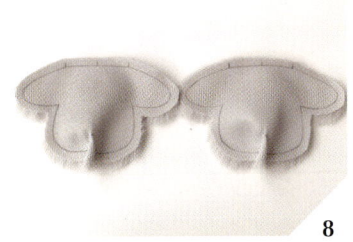

8

몸판의 다트를 맞잡아 다트 선을 박음질해요.

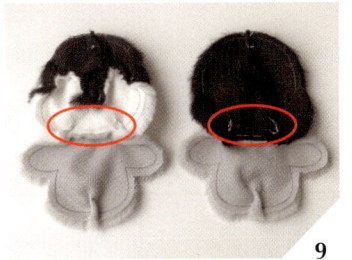

9

앞 몸판과 앞 얼굴, 뒤 몸판과 뒤 얼굴을 각각 겉면끼리 맞댄 뒤 박음질해서 몸판과 얼굴을 연결해요.

10

앞뒤 원단을 겉면끼리 맞댄 뒤 창구멍을 남기고 박음질해요.

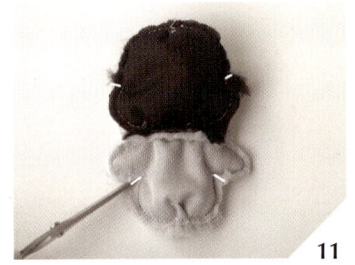

11

시접의 모서리에 가위집을 넣어요.

12

겉면이 바깥으로 오도록 원단을 뒤집어요.

13

창구멍을 통해 인형의 안쪽에 솜을 넣어요.

TIP 펭귄 인형은 솜을 많이 넣어 빵빵하게 만드는 게 귀여워요!

14

창구멍을 공그르기해서 막아요.

15

부리 모양으로 재단한 펠트를 준비해요. 부리가 더 큰 쪽을 윗부분으로 놓은 뒤 박음질해서 고정해요.

TIP 박음질 선은 안으로 접혀 들어가 안 보이니 대충 박음질해도 괜찮아요. 여러 번 박음질해서 고정해요.

16 손으로 부리를 모아 잡고 양쪽 입꼬리만 휘갑치기해서 고정해요.

TIP 입꼬리만 바느질하면 벌린 입모양이 되고, 입꼬리에서 안쪽까지 좀 더 바느질하면 'O'자 모양의 입모양을 연출할 수 있어요!

17 눈 위치에 단추눈을 핀으로 고정한 뒤, 옆 바느질 선에 바늘을 넣어요.

18 인형 안쪽에 넣은 바늘을 단추눈 사이로 빼낸 뒤 양쪽 눈 모두 바느질해요.

TIP 바느질할 때 실을 당기면 안으로 살짝 모인 눈이 되어서 더 귀여워져요!

19 칫솔로 털을 결대로 빗어서 정리해요.

20 눈과 부리가 잘 보이도록 얼굴의 털을 다듬은 뒤 완성해요.

TIP 블러셔와 브러시를 사용해 발그레한 볼을 표현하면 더욱 귀여워져요!

멍멍이

엎드린 포즈가 귀여운 멍멍이 인형입니다.
귀나 꼬리, 발등을 다른 컬러로 만들어주셔도 아주 귀여워요.

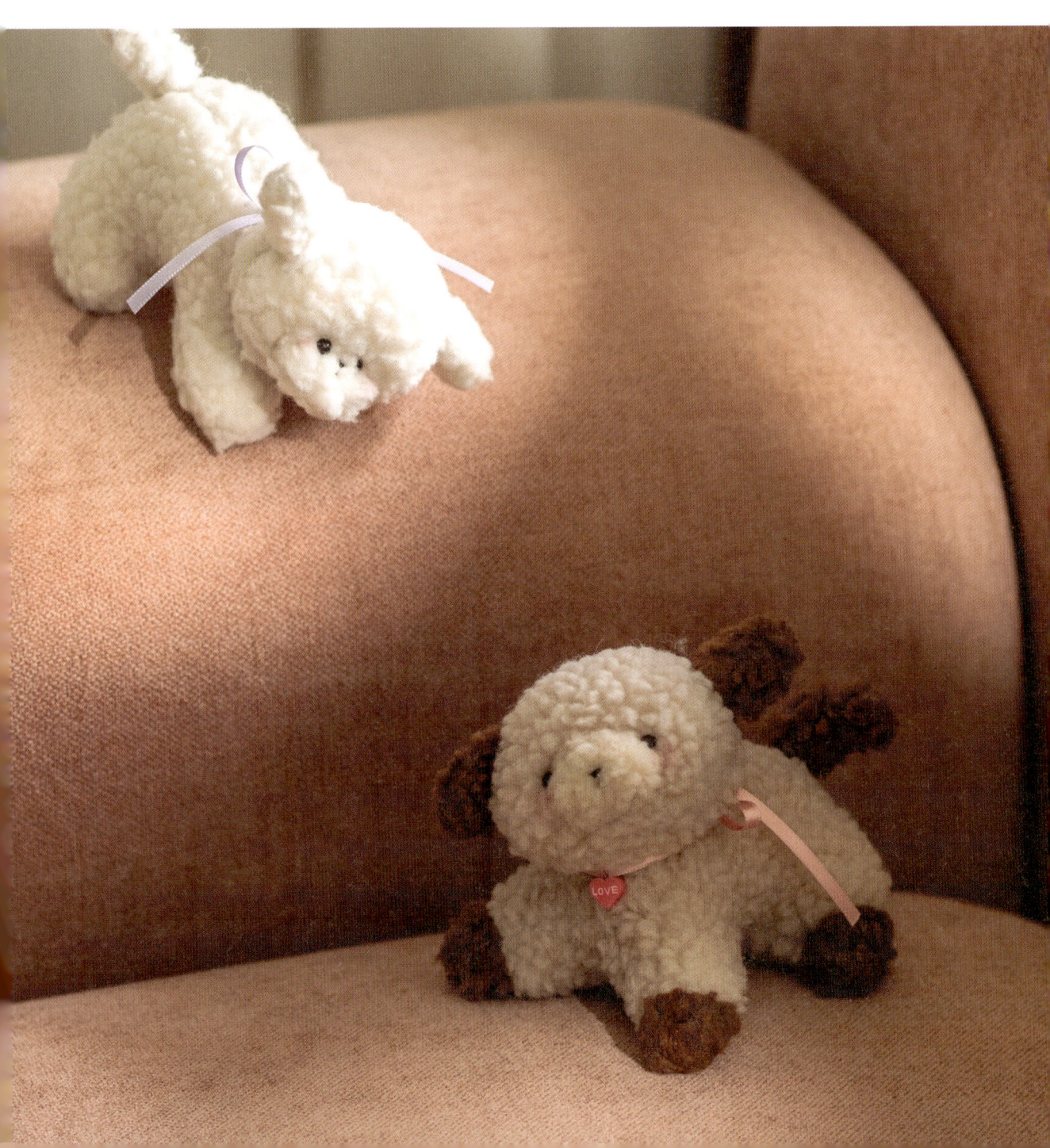

HOW TO MAKE

[재료]

| 15cm 사이즈 | 원단……털 원단
단추눈(5mm)……2개
솜……적당량 | ✎ 실물 크기 패턴
145p |

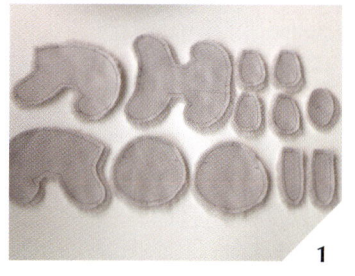

1

원단에 각각의 패턴을 그리고 시접 7mm를 준 뒤 잘라서 준비해요.
이때, 입 패턴은 시접 없이 잘라요.

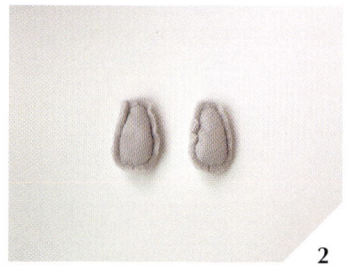

2

재단한 귀 원단을 겉면끼리 맞댄 뒤 박음질해요.

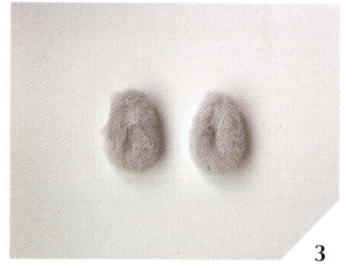

3

귀의 겉면이 바깥으로 오도록 원단을 뒤집어요.

4

귀의 창구멍을 공그르기해서 막아요.

5

얼굴의 다트를 맞잡아 다트 선을 박음질해요.

6

앞과 뒤 얼굴 원단을 겉면끼리 맞댄 뒤 창구멍을 남기고 박음질해요.

How to make

7

창구멍을 통해 솜을 채워요.

8

창구멍을 공그르기해서 막아요.

9

재단한 입 원단의 가장자리를 홈질해요.

10

실을 살짝 당겨 오므린 뒤, 안쪽에 솜을 넣고 솜이 보이지 않을 때까지 실을 당긴 뒤 매듭을 지어요.

11

얼굴에 입을 올리고 공그르기해서 연결해요.

12

4에서 완성한 귀를 얼굴에 올리고 공그르기해서 연결해요.

13

원하는 위치에 눈을 올리고 바느질해서 고정해요.

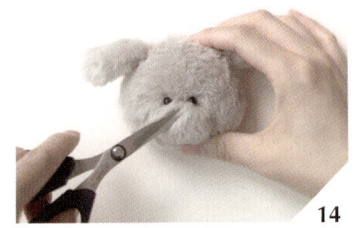

14

코를 표현할 위치의 털을 잘라서 정리해요.

15

만들고 싶은 코의 가로 폭만큼 일자 형태로 여러 번 바느질해서 코를 표현해요. 코 아래에 'ㅅ'자 모양으로 입을 표현해요.

TIP 바느질 선의 위를 덮으면서 여러 번 바느질하면 코와 입이 통통해져요.

16

바느질 선에 털이 껴 있는 경우는 송곳으로 빼내면 깔끔해져요.

17

눈과 코를 가리는 털을 가위로 조금씩 잘라 정리한 뒤 얼굴을 완성해요.

18

완성한 얼굴을 키링으로 활용하거나, 얼굴 뒷면에 브로치 핀을 달아 브로치로 만들어도 아주 귀여워요.

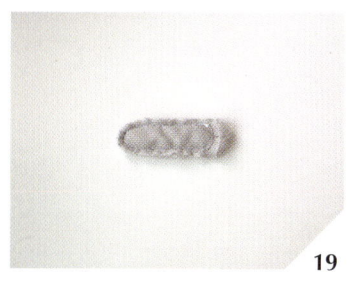

19

재단한 꼬리 원단을 겉면끼리 맞댄 뒤 박음질해요.

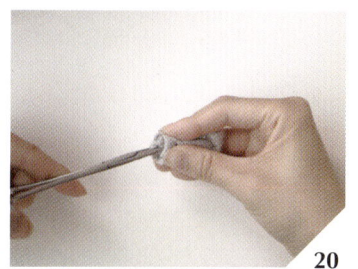

20

꼬리의 겉면이 바깥으로 오도록 뒤집어요.

TIP 꼬리는 창구멍의 폭이 좁아 손으로 뒤집기가 어려워요. 겸자나 볼펜을 사용하면 쉽게 뒤집을 수 있어요.

21

등 원단을 겉면끼리 맞댄 뒤 박음질해요. 이때, 꼬리 위치 전까지만 박음질해요.

22

20에서 완성한 꼬리를 꼬리 위치에 끼워요. 이때 꼬리의 끝이 몸 안쪽을 향하도록 놓아요.

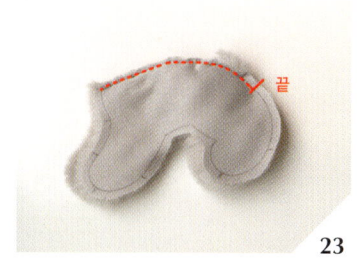

23

등 선을 따라 박음질해요. 이때 패턴 도안에 표시된 '끝' 위치까지만 박음질해요.

24

23의 등을 겉면이 위를 향하도록 펼쳐요.

How to make

25

24의 위에 재단한 배 원단을 올린 뒤, 창구멍을 남기고 박음질해요.

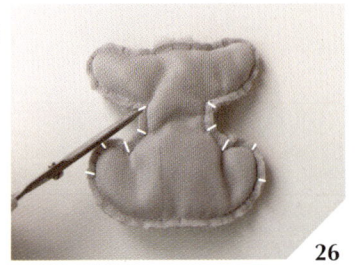

26

시접에 가위집을 넣어요.

27

겉면이 바깥으로 오도록 뒤집은 뒤, 창구멍을 통해 솜을 채워요.

28

창구멍을 공그르기해서 막아요.

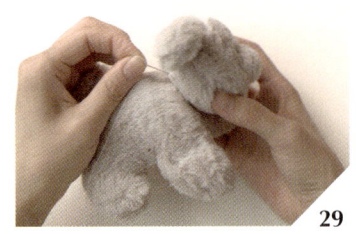

29

얼굴과 몸을 공그르기해서 연결한 뒤 완성해요.

TIP 얼굴 위치에 변화를 주면 생동감이 생겨요. 갸우뚱한 모습, 위를 올려다보는 모습 등 다양한 모습을 표현할 수 있어요.

공룡

큼직한 크기의 귀여운 아기 공룡이에요.
단추로 팔과 다리를 연결해 움직일 수 있도록 만들었어요.
여러 포즈를 취할 수 있는 인형이에요.

HOW TO MAKE

[재료]

27cm 사이즈 | 원단……털 원단, 펠트(흰색)
단추눈(12mm)……2개
작은 단추……4개

✎ 실물 크기 패턴 147p

1

원단에 각각의 패턴을 그리고 시접 7mm를 준 뒤 잘라서 준비해요.

2

이빨과 손톱, 발톱은 펠트에 패턴을 그린 뒤 시접 없이 잘라서 준비해요.

3

재단한 팔 원단 위에 손톱 끝이 팔 안쪽을 향하도록 올려요.

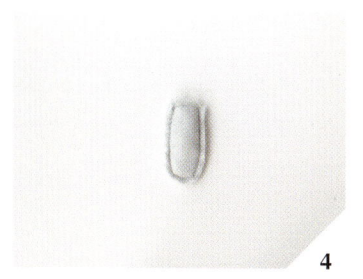

4

팔 원단을 겉면끼리 맞댄 뒤 창구멍을 남기고 박음질해요.

5

창구멍을 통해 팔 안쪽에 솜을 채워요. 이때, 손톱이 있는 손 끝쪽만 채운다는 느낌으로 창구멍 쪽은 공간을 남기고 솜을 채워요.

6

창구멍을 공그르기해서 막아요.

How to make

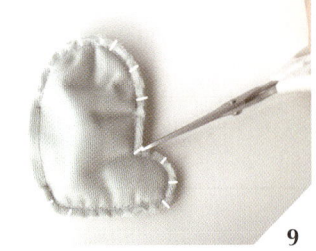

7 재단한 다리 원단 위에 발톱 끝이 다리 안쪽을 향하도록 올려요.

8 다리 원단을 겉면끼리 맞댄 뒤 창구멍을 남기고 박음질해요.

9 시접에 가위집을 넣어요.

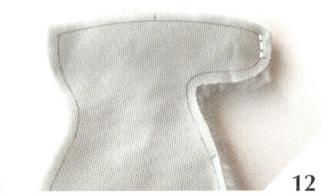

10 겉면이 바깥으로 오도록 원단을 뒤집어 솜을 채워요. 다리는 솜을 가득 채워 빵빵하게 만들어요.

11 재단한 이마 원단을 겉면끼리 맞댄 뒤 이마 앞부분만 박음질해요.

12 재단한 몸판 원단을 겉면끼리 맞댄 뒤 입 앞부분만 박음질해요.

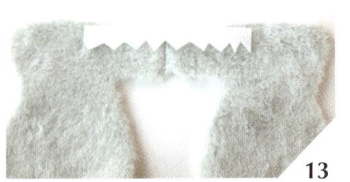

13 몸판의 겉면 위로 이빨을 올려요.

14 **11**의 이마를 몸판 원단 위에 겉면끼리 맞닿도록 올린 뒤 박음질해요. 이때, 이빨은 패턴에 표시된 부분에 맞춰 박음질해요.

15 연결한 이마와 몸통을 접어 창구멍을 남기고 박음질해요.

16 시접에 가위집을 넣어요.

17 창구멍을 통해 인형에 솜을 채워요. 솜을 가득 넣어 빵빵하게 만들었어요.

18 창구멍을 공그르기해서 막아요.

19 단추를 사용해 인형에 팔을 달아볼게요. 작은 사이즈의 단추를 사용해 단추가 잘 안 보이도록 만들었어요.

20 한쪽 팔에 바늘을 넣고 반대편으로 통과해 나온 바늘에 단추를 끼워요.

21 팔의 바깥쪽에 단추를 올린 뒤, 단추 구멍으로 바늘을 넣어 그대로 몸통을 통과해요.

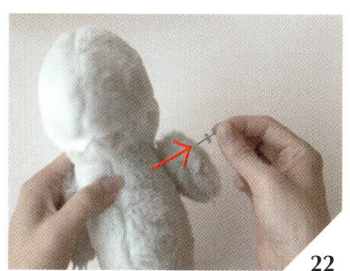

22 몸통을 통과한 바늘 위로 반대쪽 팔, 단추를 올리고 통과해요.

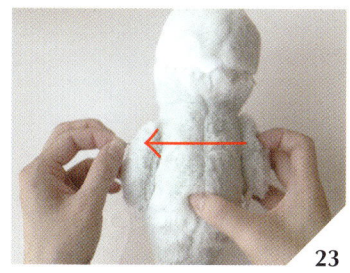

23 다시 단추 구멍으로 바늘을 넣어, 팔과 몸통을 통과한 뒤, 반대쪽 팔, 단추를 통과해요. 여러 번 반복해 튼튼하게 양팔과 몸통을 연결해요.

24 몸통과 팔 사이에서 2~3회 정도 바느질해서 마무리 매듭을 지어요.

TIP 매듭 짓기 전에 실을 당겨주면 팔이 몸통에 착 붙어요.

How to make

25

26

다리도 **20~24**와 동일한 방법으로 연결해요.

원하는 위치에 단추눈을 달아서 완성해요.

여우

귀여운 아기 여우 인형입니다. 키링으로 활용해도 예뻐요.
반구 형태의 구슬 납작눈이나 스톤보석으로 초롱초롱한 눈망울을 완성해봐요!

HOW TO MAKE

[재료]

| 15cm 사이즈 | 원단······털 원단(주황, 검정, 흰색),
극세사 원단(흰색),
펠트 원단(흰색)
납작눈(6mm)······2개
단추눈(5mm)······1개
솜······적당량
목공풀 | ✎ 실물 크기 패턴
150p |

1

원단에 각각의 패턴을 그리고 시접 7mm를 준 뒤 잘라서 준비해요.

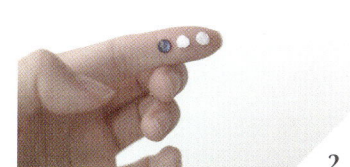

2

납작눈의 크기와 비슷하거나 약간 작게 펠트 원단을 잘라요.

3

앞 몸판 패턴 3개를 겉면끼리 맞댄 뒤 박음질해요.

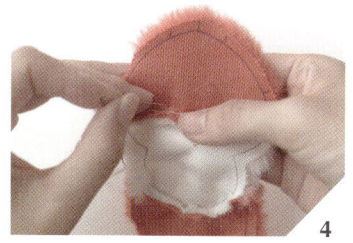

4

눈 위치에 바늘을 넣어요.

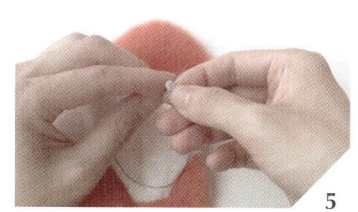

5

먼저 바늘에 흰색 펠트를 끼워요. 이렇게 하면 원하는 위치에 정확하게 눈을 얹을 수 있어요.

6

박음질해서 펠트를 고정해요.

How to make

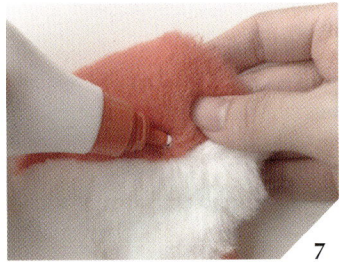

7

펠트 위에 목공풀을 발라요.

8

7의 위에 납작눈을 올린 뒤, 마를 때까지 기다려요.

9

4~8을 반복해 두 눈을 완성한 뒤, 코 위치에 단추눈을 박음질해 고정해요.

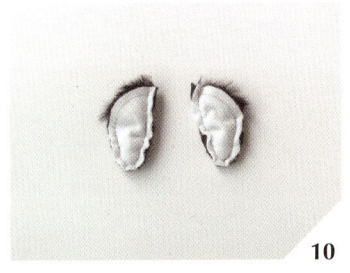

10

재단한 귀 원단을 겉면끼리 맞댄 뒤 박음질해요.

11

겉면이 바깥으로 오도록 원단을 뒤집어서 귀를 완성해요.

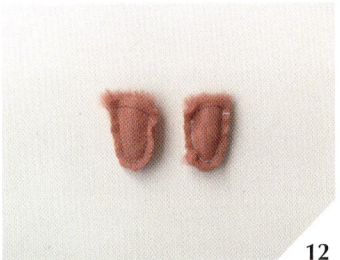

12

재단한 팔 원단을 겉면끼리 맞댄 뒤 박음질해요.

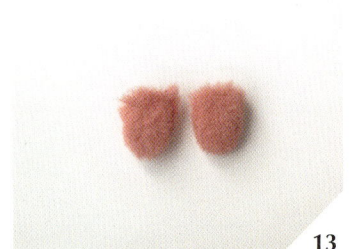

13

겉면이 바깥으로 오도록 원단을 뒤집어서 팔을 완성해요.

14

창구멍을 통해 솜을 채워요. 겸자를 사용하면 편해요.

TIP 빈 공간을 약간 남기고 솜을 채워요. 솜이 너무 가득 차 있으면 바느질하기 힘들답니다.

15

창구멍을 휘갑치기해서 막아요.

TIP 몸통 안쪽으로 가려지는 부분이라 대충 바느질해도 괜찮아요.

16

재단한 꼬리를 겉면끼리 맞댄 뒤 박음질해요.

17

뒤집어서 꼬리를 완성해요.

18

꼬리의 창구멍을 통해 솜을 채워요.

TIP 빈 공간을 약간 남기고 솜을 채워요.

19

창구멍을 휘갑치기해서 막아요.

TIP 엉덩이와 맞닿아 안 보이는 부분이라 대충 바느질해도 괜찮아요.

20

앞 몸판 위에 귀와 팔을 올려 위치를 잡아요.

21

귀와 팔이 안쪽을 향하도록 접듯이 놓아요.

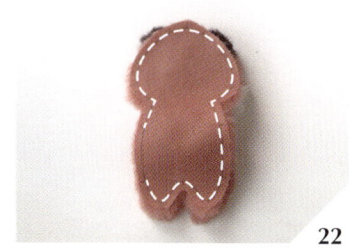

22

21의 위에 뒤 몸판의 겉면을 맞댄 뒤 창구멍을 남기고 박음질해요.

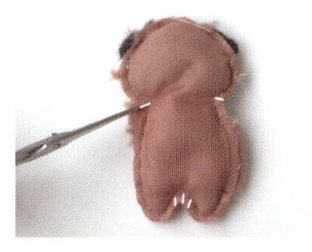

23

시접의 모서리에 가위집을 넣어요.

24

원단을 뒤집은 뒤, 창구멍을 통해 솜을 채워요. 머리를 먼저 채우고 다리, 몸통 순서로 솜을 채워요.

TIP 솜을 많이 넣을수록 통통한 여우가 돼요. 취향에 따라 솜의 양을 조절해요.

How to make

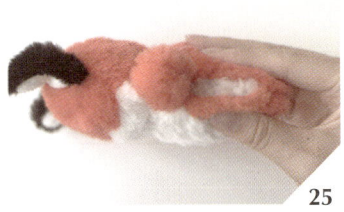

25

창구멍을 공그르기해서 막아요.

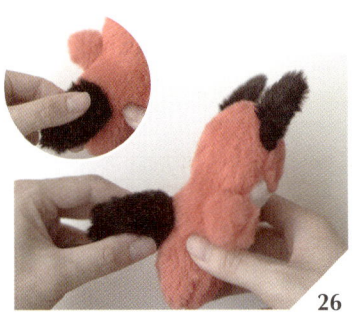

26

엉덩이 위에 꼬리를 올린 뒤 공그르기해서 연결해요.

27

칫솔로 털을 빗어서 정리해요.

28

눈과 코가 잘 보이도록 얼굴의 털을 다듬은 뒤 완성해요.

TIP 브러시를 사용해 블러셔를 볼에 칠하면 더욱 귀여워져요!

솜인형으로 키링 만들기

내 마음에 드는 인형을 만들었다면 키링으로도 활용해봐요!
언제 어디서나 함께 할 수 있답니다. 아기 여우 인형을 키링으로 만들어봤어요.

[재료] 오링, 키링 각 1개씩

1. 바늘을 넣은 뒤 오링을 달 위치에서 바늘을 빼내면서 오링을 끼워요.
2. 다시 인형을 한 땀 떠요. 여러 번 반복해 인형과 오링을 연결해요.
3. 털이 낀 부분을 송곳으로 빼내서 정리한 뒤 키링을 연결하면 완성이에요!

다람쥐

다람쥐 인형을 소개할게요.
나뭇잎 가방을 함께 매치하면 더욱 사랑스러워져요!

HOW TO MAKE

[재료]

15cm 사이즈 | 원단……털 원단(원하는 컬러, 흰색),
극세사 원단(흰색),
타원형 나사눈(9mm)……2개
타원형 나사눈(6mm)……1개
솜……적당량

✎ 실물 크기 패턴
152p

1

원단에 각각의 패턴을 그리고 시접 7mm를 준 뒤 잘라서 준비해요.

2

재단한 귀의 털 원단과 극세사 원단을 겉면끼리 맞댄 뒤 박음질해요.

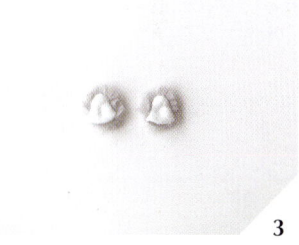

3

창구멍을 통해 겉면이 바깥으로 오도록 뒤집어 귀를 완성해요.

4

꼬리도 겉면끼리 맞댄 뒤 박음질해요.

5

꼬리의 창구멍을 제외하고 시접 부분에 3cm 간격으로 가위집을 내요.

6

겉면이 바깥으로 오도록 뒤집어요.

How to make

7

꼬리의 창구멍을 통해 솜을 채워요.

8

꼬리 끝을 반으로 접은 뒤 감침질해서 막아요.

🔸 **TIP** 엉덩이에 맞닿아 안 보이는 부분이라 대충 바느질해도 괜찮아요.

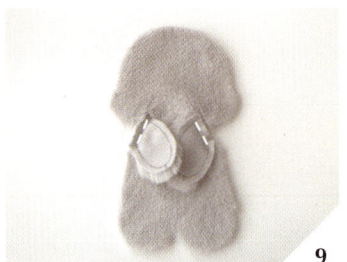

9

뒤 몸판과 팔을 겉면끼리 맞대어 박음질해요.

10

앞 몸판과 다리를 겉면끼리 맞대어 박음질해요.

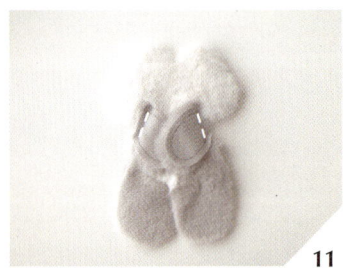

11

앞 몸판과 팔을 겉면끼리 맞댄 뒤 박음질해요.

12

앞 몸판과 이마를 겉면끼리 맞댄 뒤 이마 선을 따라 박음질해요. 이때, 패턴에 그려진 너치 부분을 잘 맞춰가며 박음질합니다.

13

이마 중앙까지 박음질한 뒤 시접에 가위집을 넣고, 남은 절반 부분도 박음질한 뒤 시접에 가위집을 넣어요.

🔸 **TIP** 이마의 반만 박음질한 뒤에 가위집을 넣어야 모양을 잡기 쉬워져요!

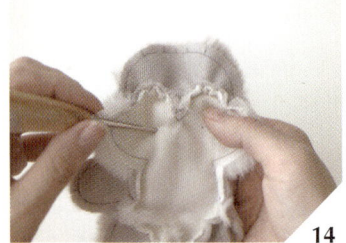

14

송곳으로 눈, 코 위치에 구멍을 뚫은 뒤 타원형 나사눈(9mm)으로 눈을, 타원형 나사눈(6mm)으로 코를 끼워요.

🔸 **TIP** 도안의 눈 위치에서 약간 위나 아래에 달아도 귀여워요.

15

앞 몸판과 뒤 몸판을 겉면끼리 맞댄 뒤 박음질해요.

16

17

18

귀 위치까지 박음질하고, **3**에서 완성한 귀를 앞뒤 몸판 사이에 끼운 뒤 박음질해요. 이때 귀의 흰색 극세사 원단이 앞쪽에 오도록 해요.

남은 부분도 창구멍을 남기고 박음질해요. 가위집을 넣은 뒤 원단을 뒤집어요.

TIP 머리부터 창구멍에 넣어 전체적으로 뒤집은 뒤 팔, 다리를 꺼내면 쉬워요!

창구멍을 통해 솜을 채워요.

TIP 솜은 머리에 먼저 채운 뒤, 손, 발, 몸통 순서로 채워요!

19

20

21

창구멍을 공그르기해서 막아요.

엉덩이 위에 꼬리를 올린 뒤 빙 둘러가며 공그르기해서 단단히 고정해요. 이때, 바늘땀이 겉면에서 보이지 않도록 주의해서 박음질해요.

눈과 코가 잘 보이도록 얼굴의 털을 다듬은 뒤 완성해요.

TIP 칫솔을 사용해 코를 중심으로 안쪽에서 바깥 방향으로 털을 빗은 뒤 눈을 가리는 털을 잘라요. 한 번에 많이 자르면 망칠 수 있으니 조금 자르고 빗질 후 다시 자르기를 반복해요.

고양이 얼굴 키링

원하는 컬러와 무늬를 조합해 세상에 하나뿐인
나만의 고양이 키링을 만들어봐요.
손에 올리고 쪼물락거리기 딱 좋은 사이즈의 말랑말랑한 키링이에요.

HOW TO MAKE

[재료]

가로 11cm,
세로 9cm 사이즈

| 원단……털 원단(원하는 컬러),
| 　　　　펠트(흰색, 검은색)
| 리본(폭 40mm)……1개,
| 리본(폭 5mm)……1개
| 비즈(폭 3mm)……1개
| 솜……적당량

✎ 실물 크기 패턴
154p

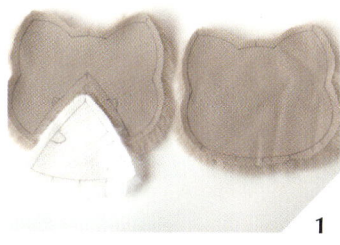

1

원단에 각각의 패턴을 그리고 시접 7mm를 준 뒤 잘라서 준비해요.

2

폭 5mm의 리본은 30cm 길이로, 폭 40mm의 리본은 20cm 길이로 잘라서 준비해요.

3

흰색과 검정색 펠트로 각각 눈의 흰자와 눈동자를 그린 뒤 잘라서 준비해요.

TIP 펠트를 재단할 때는 시접을 주지 않고 그대로 잘라요.

4

재단한 앞 얼굴을 겉면끼리 맞대어 박음질해요.

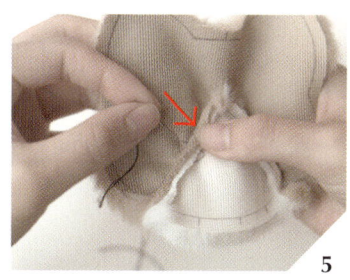

5

눈 도안의 눈꼬리 위치에 바늘을 넣어요.

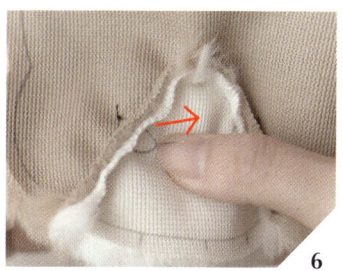

6

눈 앞머리 쪽으로 바늘을 빼요.

How to make

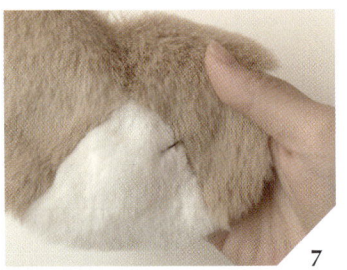
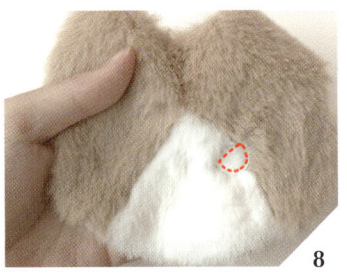

7 원단을 뒤집어보면 눈을 붙일 위치를 쉽게 알아볼 수 있어요.

8 표시한 눈꼬리와 눈 앞머리 위치에 맞춰 흰색 펠트를 올린 뒤, 촘촘히 홈질해서 눈을 고정해요.

9 검은색 펠트를 올린 뒤, 촘촘히 홈질해서 눈동자를 고정해요.

10 프렌치넛 스티치로 눈의 반짝임을 표현해볼게요. 반짝임을 주고 싶은 위치로 흰색 실을 빼줘요.

11 바늘에 실을 2번 감아요.

12 바늘을 뺀 위치로 다시 바늘을 넣어요. 이때 바늘에 감긴 실을 살살 당겨가며 넣어요.

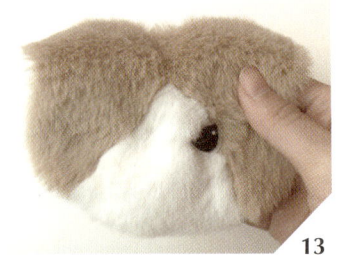

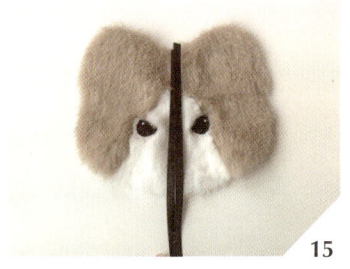

13 바늘을 천천히 빼면서 반짝임을 완성해요.

TIP 프렌치넛 스티치는 동글동글한 모양이라 이렇게 눈에 포인트 주기 좋은 스티치예요. 실의 두께, 바늘에 실을 감는 횟수에 따라 크기를 조절할 수 있어요

14 6~13을 반복해 다른 눈도 완성한 뒤, 비즈를 달아 코를 표현해요.

TIP 코는 없어도 귀엽답니다. 자수를 놓아 코를 표현할 수도 있어요.

15 폭 5mm의 리본을 반으로 접은 뒤 얼굴 가운데에 올려요.

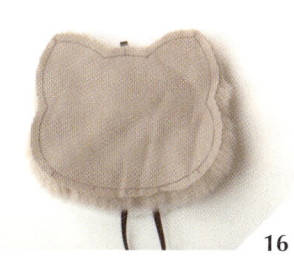

16

15의 위에 뒤 얼굴 원단을 올려요.
이때 앞뒤 얼굴의 겉면끼리 맞댄 뒤
창구멍을 남기고 박음질해요.

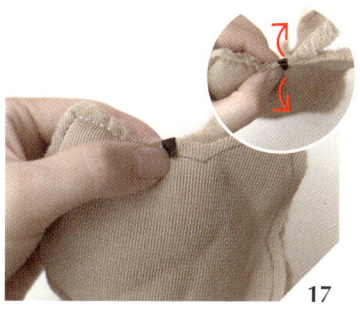

17

리본이 있는 부분은 더 촘촘하게
박음질해요. 밖으로 삐져나온
여분의 리본은 양쪽으로 갈라서
접은 뒤 튼튼하게 박음질해요.

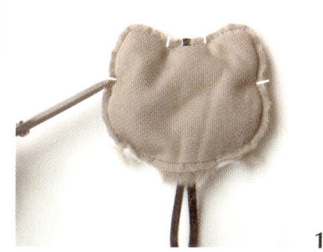

18

시접의 모서리에 가위집을 넣어요.

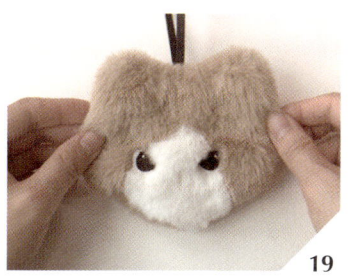

19

창구멍을 통해 원단을 뒤집어요.

20

창구멍을 통해 얼굴에 솜을 채워요.
이때, 귀 부분을 먼저 채운 다음
얼굴을 채워요.

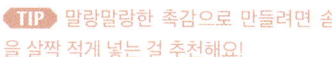 말랑말랑한 촉감으로 만들려면 솜
을 살짝 적게 넣는 걸 추천해요!

21

창구멍을 공그르기해서 막아요.

22

박음질한 실 사이에 낀 털은
송곳으로 빼내요. 완성도를 더욱
높일 수 있어요!

23

칫솔로 털을 결대로 빗어서
정리하면 완성이에요.

PART 3

Closet

원피스와 소품 만들기

귀여운 내 솜인형의 옷장엔 무엇이 있을까요?
솜인형의 매력을 돋보이게 해줄 다양한 소품을 만들어봐요.
보닛, 원피스, 모자, 가방, 목걸이, 머리띠 등…
솜인형과 어울리는 소품들을 소개할게요.
작은 소품 하나만으로도 내 인형이 특별해져요.

나뭇잎 가방

레이스 머리띠

나뭇잎 가방

어떤 인형과도 잘 어울리는 나뭇잎 가방이에요.
가방을 원하는 길이로 만들어봐요!
가방 끈의 길이에 따라 크로스백, 숄더백 2가지로 연출할 수 있어요.

[재료]

S, M 사이즈 ｜ 원단……펠트 ✄ 실물 크기 패턴 158p

HOW TO MAKE

1

원단에 각각의 패턴을 그린 뒤 시접 없이 잘라서 준비해요.

2

재단한 나뭇잎 원단 위에 수를 놓아 잎맥을 표현해요.

3

나뭇잎 원단 사이에 가방끈 원단을 끼워요.

4

나뭇잎 가장자리를 박음질해서 완성해요.

레이스 머리띠

여러 스타일로 연출이 가능한 레이스 머리띠예요.
머리에 두르면 머리띠로, 허리에 두르면 에이프런으로,
목에 두르면 턱받이로 활용이 가능한 만능 아이템이랍니다.

[재료]

S, M 사이즈 | 레이스(폭 30mm)
| 리본(폭 5mm)

HOW TO MAKE

1

인형의 얼굴 둘레와 리본을 묶을 여분의 길이를 가늠해 넉넉한 길이로 리본을 잘라요.

2

레이스를 원하는 길이보다 2배 길게 잘라요.

TIP 레이스는 주름을 잡으면 길이가 줄어들기 때문에 2배 길이로 잘라야 해요!

3

레이스의 표시선에 맞춰 홈질해요.

4

실을 당겨 주름을 잡아요.

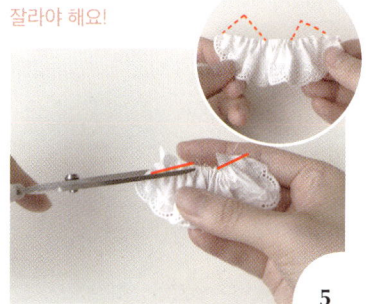

5

양쪽 끝의 시접을 잘라요.

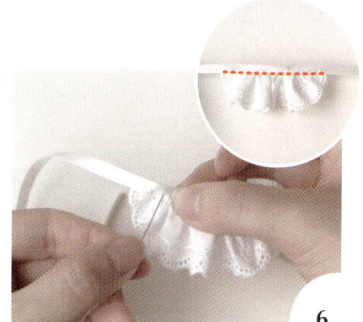

6

레이스 위에 리본을 올리고 박음질한 뒤 고정해서 완성해요.

7

허리에 두르면 앞치마로 연출할 수 있어요.

8

목에 두르면 턱받이로 연출할 수 있어요.

9

머리띠로 활용해도 귀여워요.

멍멍이 목걸이

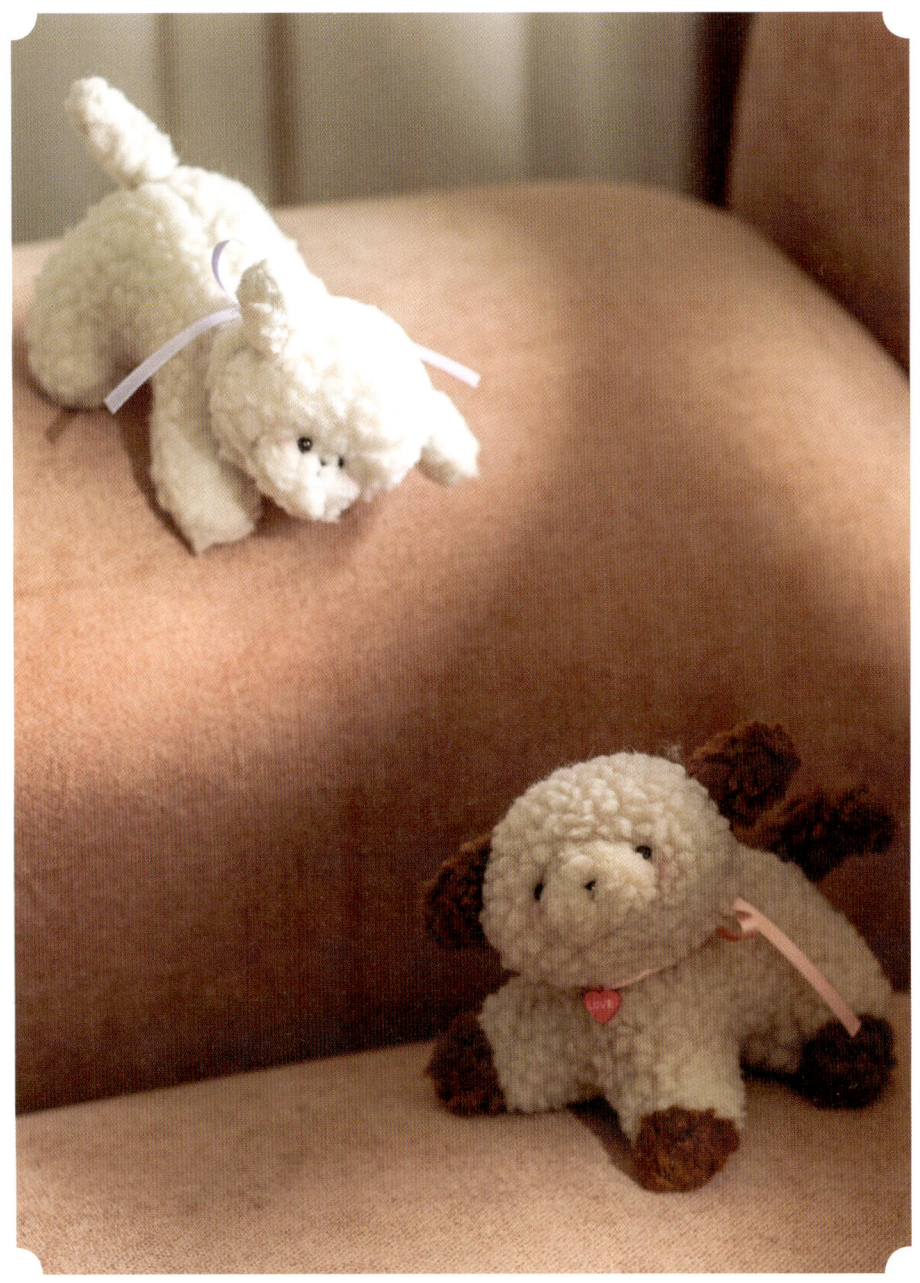

안대

멍멍이 목걸이

인형에 포인트를 주기 좋은 목걸이예요. 원하는 비즈를 사용해 다양한 분위기를 연출해봐요. 리본을 매듭짓는 방법에 따라 심플하게도, 러블리하게도 연출할 수 있어요. 2가지 방법을 모두 소개할게요.

[재료]

Free 사이즈 | 비즈
| 리본(폭 5mm)

HOW TO MAKE

〈 심플한 목걸이 〉

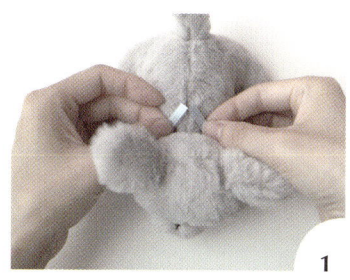

1

리본을 인형의 목에 둘러 약간의
여유를 준 뒤 잘라요.

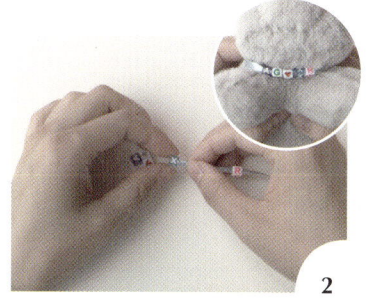

2

리본에 원하는 비즈를 끼워요.

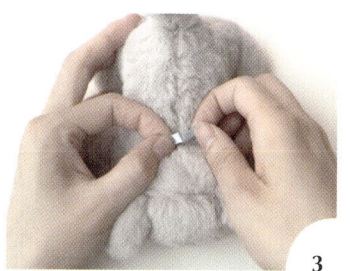

3

한쪽 리본 끝을 안으로 접어요.

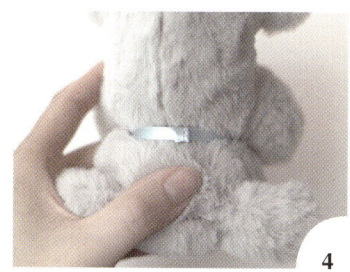

4

리본 위를 박음질해서 고정해요.

〈 리본 목걸이 〉

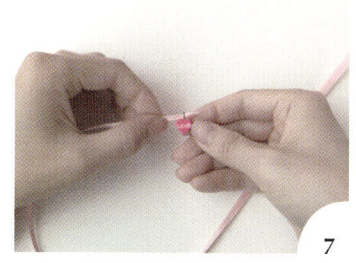

7

리본은 충분한 여유를 두고
넉넉한 길이로 자른 뒤,
원하는 비즈를 끼워요.

8

비즈가 가운데에 오도록 리본을
목에 둘러요.

9

목 뒤쪽에서 리본을 묶어서
완성해요.

안대

꿀잠에 빠진 듯한 무드를 연출해줄 안대를 준비했어요.
눈 위에 올리는 것도 좋지만, 이마 부분에 올려 헤어밴드처럼 연출해보세요.
더욱 귀엽답니다.

[재료]

S, M 사이즈 | 원단······면 원단
리본(폭 3mm)

✎ 실물 크기 패턴
158p

HOW TO MAKE

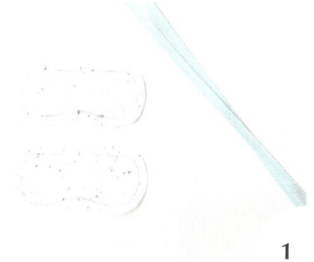

1

원단에 패턴을 그린 뒤 시접 5mm를 주고 잘라요. 리본은 인형의 머리 둘레만큼 2줄 잘라서 준비해요.

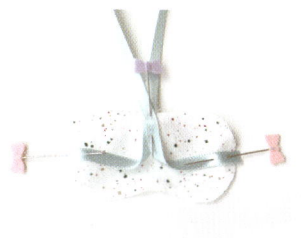

2

안대의 겉면 위에 리본을 올려요. 이때, 리본을 안대 양옆에 한 줄씩 올리고 위쪽으로 꺾어요.

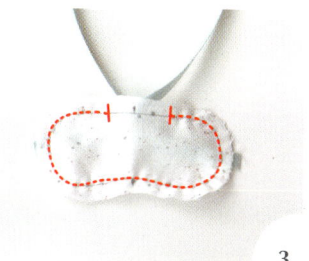

3

남은 안대 원단을 겉면이 맞닿도록 올린 뒤, 창구멍을 남기고 홈질해요. 이때, 리본의 남은 부분이 창구멍으로 나오도록 놓아요.

4

시접에 가위집을 넣어요.

5

창구멍을 통해 원단을 뒤집어요.

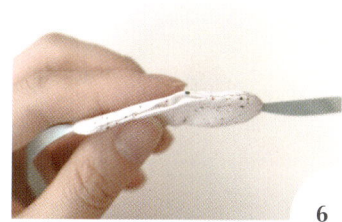

6

창구멍을 공그르기해서 막으면 완성이에요.

보닛

스카프

보닛

사랑스러움을 더해주는 보닛입니다
원피스와 세트로 만들어 착용하면 더욱 귀여워요

[재료]

S, M 사이즈 | 원단……면 원단
레이스(폭 10mm)
리본(폭 3mm)

✂ 실물 크기 패턴
160p

HOW TO MAKE

1

2

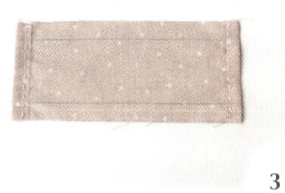

3

원단에 패턴을 그리고 시접 10mm를 준 뒤 잘라서 준비해요. 레이스는 보닛 가로 길이의 3배 길이로 잘라요.

리본은 시접을 포함한 보닛의 가로 길이보다 약간 여유를 두고 잘라요. 같은 길이로 3줄 잘라서 준비해요.

양옆의 시접을 안쪽으로 접어 홈질해요.

4

5

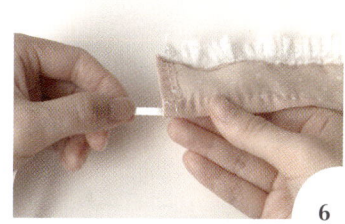

6

위쪽 시접을 안쪽으로 접은 뒤 레이스를 주름 잡아가며 홈질로 고정해요.

아래쪽 시접을 안쪽으로 접어 홈질해요. 시접 안쪽으로 리본이 통과할 길을 만들어요. 최대한 시접 가장자리에 붙여서 홈질해요.

아래쪽 시접 사이로 리본을 통과시켜요.

7

8

9

보닛의 위쪽 양옆에 리본을 세로로 올린 뒤 박음질해서 고정해요.

보닛의 레이스 부분이 얼굴 앞쪽에 오도록 인형에게 씌워요. 인형의 머리에 맞도록 당겨 주름을 잡은 뒤 리본으로 묶어요.

보닛의 앞쪽 리본을 묶으면 완성이에요.

스카프

귀여운 스카프예요.
목에 둘러주면 확실한 패션 포인트가 된답니다.

[재료]

S, M 사이즈   원단……면 원단   실물 크기 패턴 159p

HOW TO MAKE

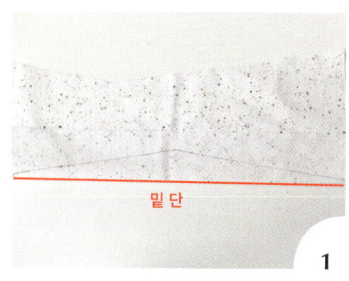

1

원단을 반 접어, 아래쪽 접힌 부분이 패턴의 가장 긴 밑단이 되도록 맞춘 뒤 나머지 패턴을 그려요.

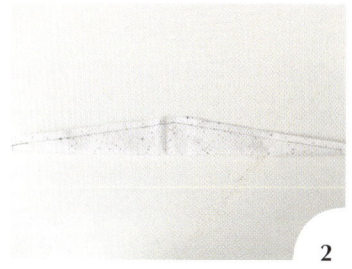

2

시접 5mm를 준 뒤 잘라요.

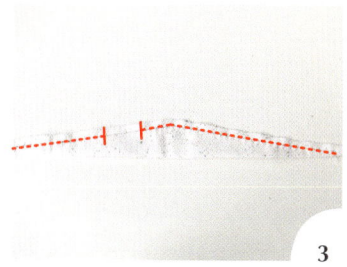

3

창구멍을 남기고 홈질해요.

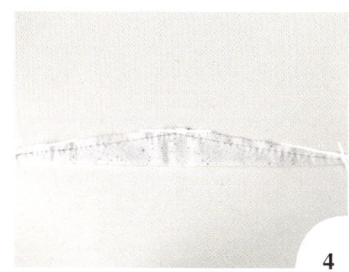

4

시접을 잘라서 정리해요.

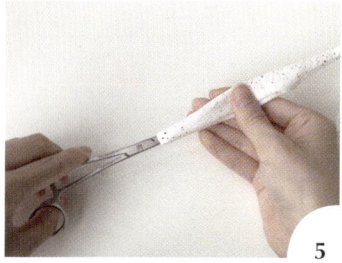

5

원단의 겉면이 바깥쪽으로 오도록 뒤집어요.

TIP 양 끝이 좁아지는 형태라 손으로 뒤집기가 힘드니, 겸자를 사용하거나 꼬리빗 등 뾰족한 물건을 사용해 뒤집어요.

6

창구멍을 공그르기해서 막으면 완성이에요.

야구모자

원피스

야구모자

3가지 사이즈의 야구모자입니다.
원하는 컬러로 모자를 만들고 모자 위에 좋아하는 이니셜을 수놓아봐요!

[재료]

| S, M, L 사이즈 | 원단……펠트(원하는 색상)
자수 실 | ✂ 실물 크기 패턴
161p |

HOW TO MAKE

1

원단에 패턴을 그린 뒤 시접 없이 잘라서 준비해요.

2

모자를 반 접어 끝과 끝을 맞댄 뒤 박음질해요.

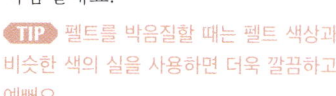

TIP 펠트를 박음질할 때는 펠트 색상과 비슷한 색의 실을 사용하면 더욱 깔끔하고 예뻐요.

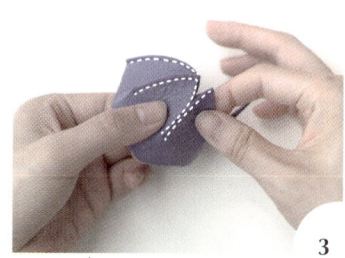

3

모자의 곡선 부분을 맞댄 뒤 박음질해요.

4

남은 부분도 모두 박음질해요.

5

펠트를 뒤집어요.

6

모자와 모자의 챙을 맞대요.

7

모자와 챙이 맞닿은 부분을 휘갑치기해서 연결해요.

8

자수 실로 원하는 이니셜을 수놓아서 완성해요.

TIP 챙 부분을 다른 색상의 펠트로 만들어도 귀여워요!

원피스

어떤 인형과도 잘 어울리는 귀여운 원피스예요. 만들기도 쉽고 간단해요.
저는 폭이 넓은 레이스를 사용했어요. 레이스를 원단으로 대체해서 만들어도 귀여워요!
리본과 원단의 색상에 변화를 줘서 응용해보세요.

[재료]

S, M 사이즈 | 원단……레이스 원단 또는 원하는 무늬의 원단
리본(폭 3mm)

HOW TO MAKE

1. 리본을 인형의 목에 두르고, 리본을 묶을 길이만큼 넉넉하게 여유를 준 뒤 잘라요.

2. 리본을 목에 감은 뒤, 시침핀을 꽂아서 가슴의 위치를 표시해요.

3. 인형의 뒷부분에도 리본을 감은 뒤, 시침핀을 꽂아서 등의 위치를 표시해요.

4. 레이스의 가로는 몸통 둘레의 2~3배로, 세로는 90mm로 2장 잘라요.

   TIP 풍성함의 정도는 가로 길이로, 원피스 기장은 세로 길이로 조절해요.

5. 레이스를 안쪽 면끼리 맞댄 뒤, 팔 위치의 아랫부분만 박음질해요.

6. 시접을 반으로 가른 뒤 옆으로 눕히고, 'ㄷ'자 모양으로 홈질해요.

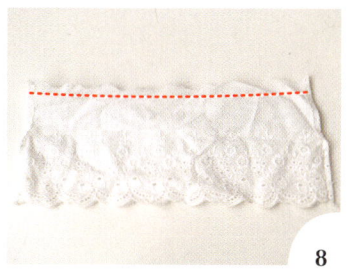

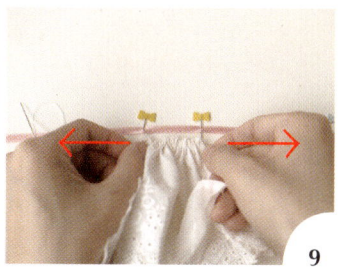

7. 레이스의 반대쪽 부분도 5~6을 반복해요.

8. 레이스의 윗부분을 홈질해요.

9. 양 끝의 실을 당겨 원피스의 주름을 잡아요.

How to make

리본을 원피스 위에 올려요. 이때 시침핀으로 표시해둔 가슴 위치를 맞춰서 올린 뒤 박음질해서 고정해요.

원피스 뒷부분도 **9~10**을 반복해요.

인형의 목에 원피스를 두른 뒤 리본을 묶어서 완성해요.

실물패턴도안

Patterns

Stuffed animals ··· 쪼꼬미   ✎ How to make 56p

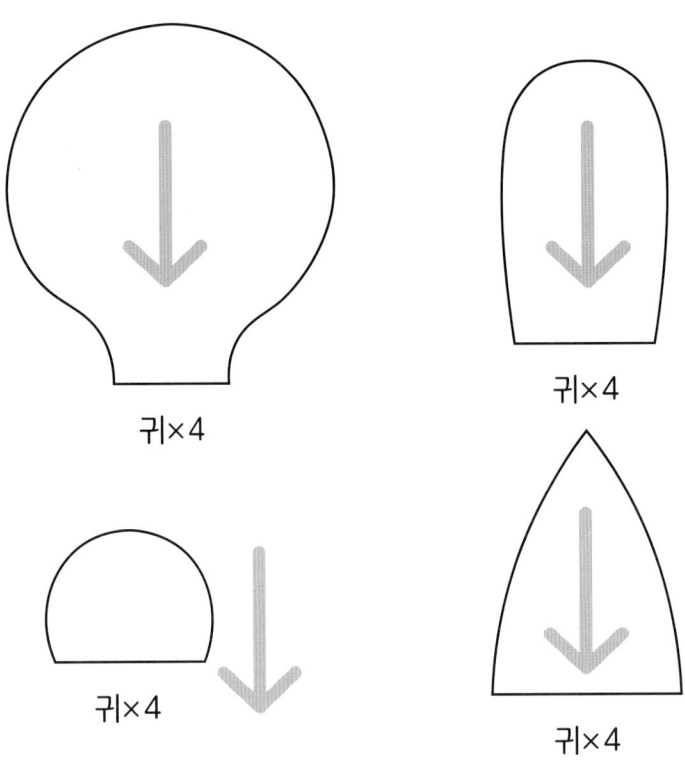

귀×4

귀×4

귀×4

귀×4

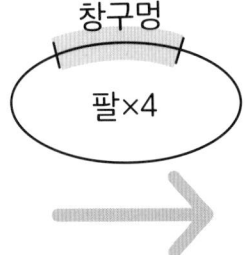

창구멍

팔×4

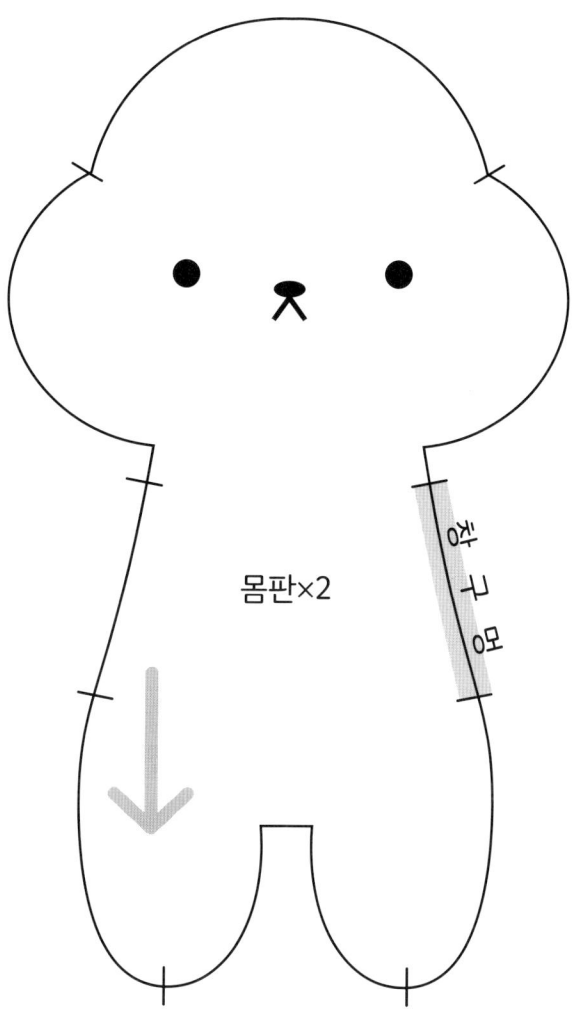

Stuffed animals ··· 유과곰   How to make 60p

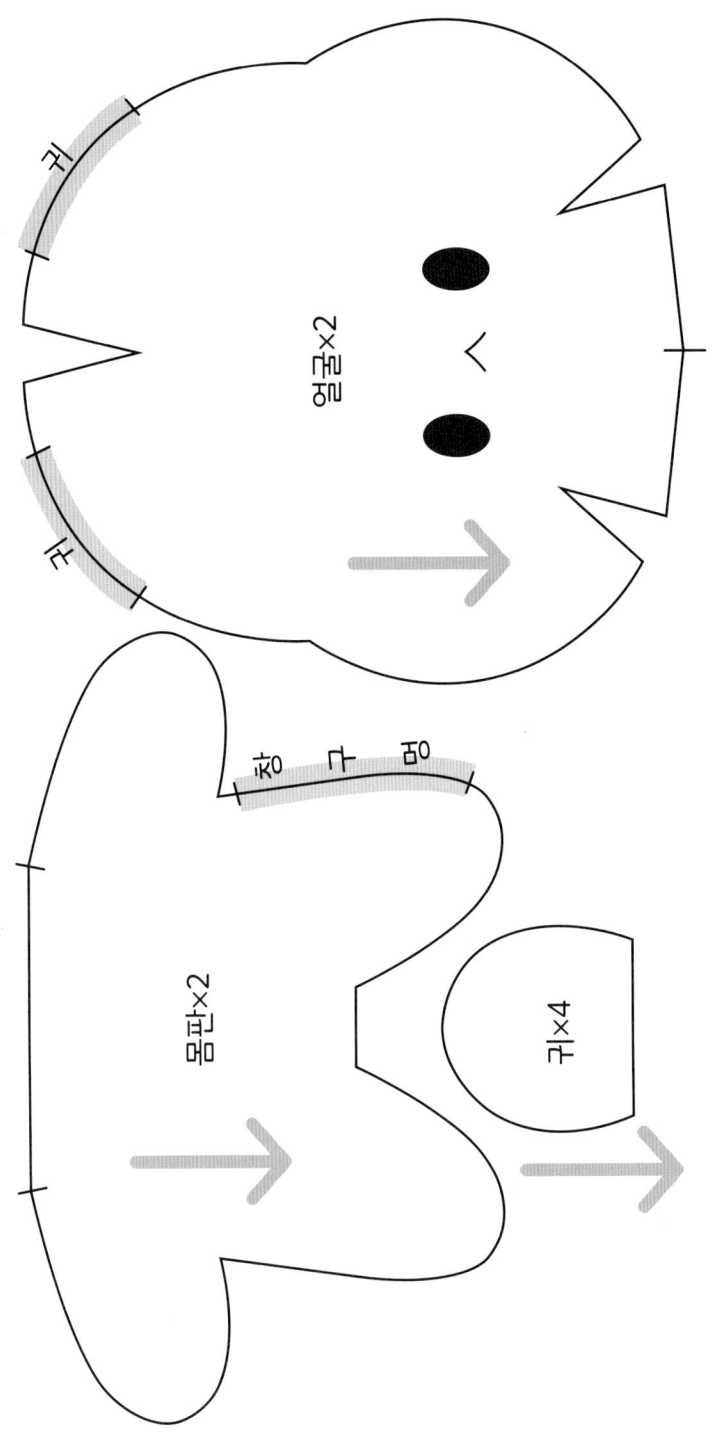

Stuffed animals … 송편냥   ✏ How to make 60p

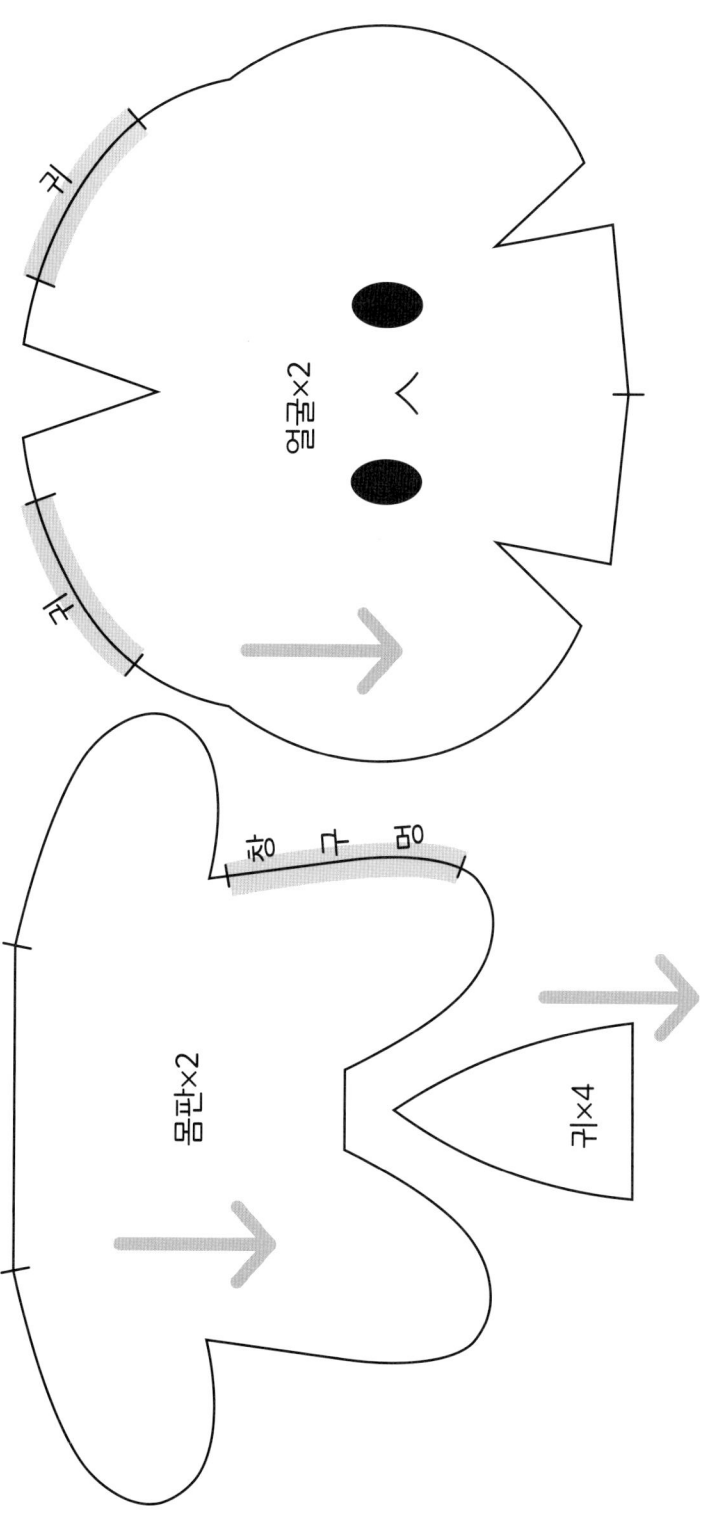

Stuffed animals ··· 롭이어 토끼   ✎ How to make 64p

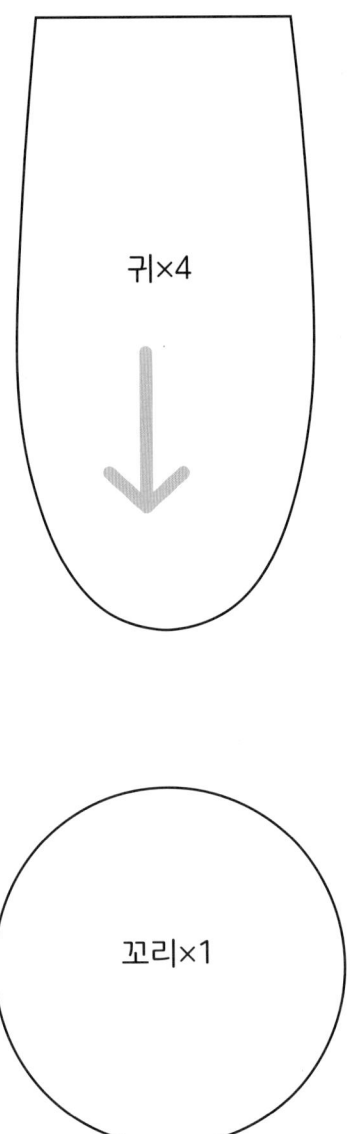

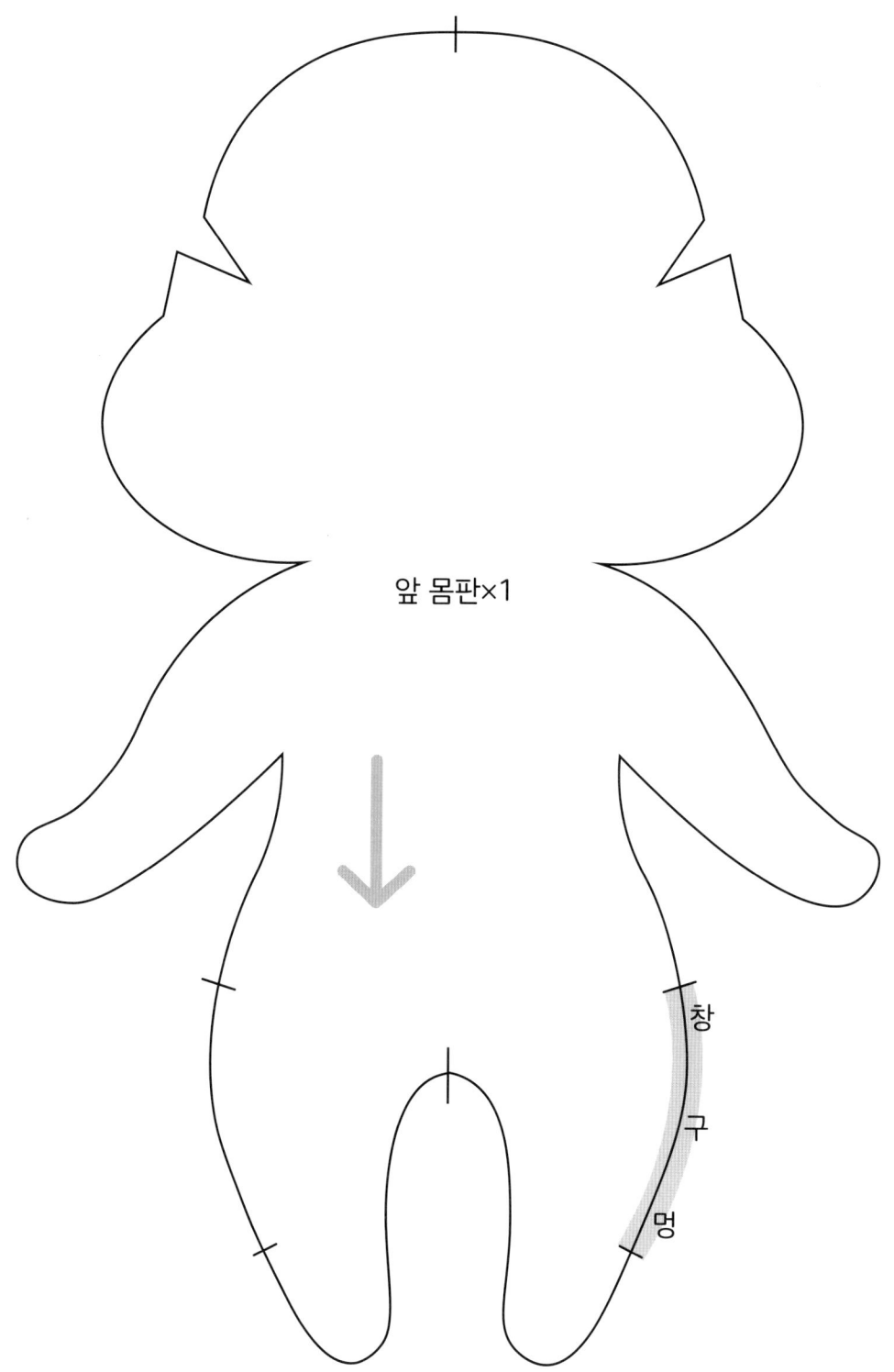

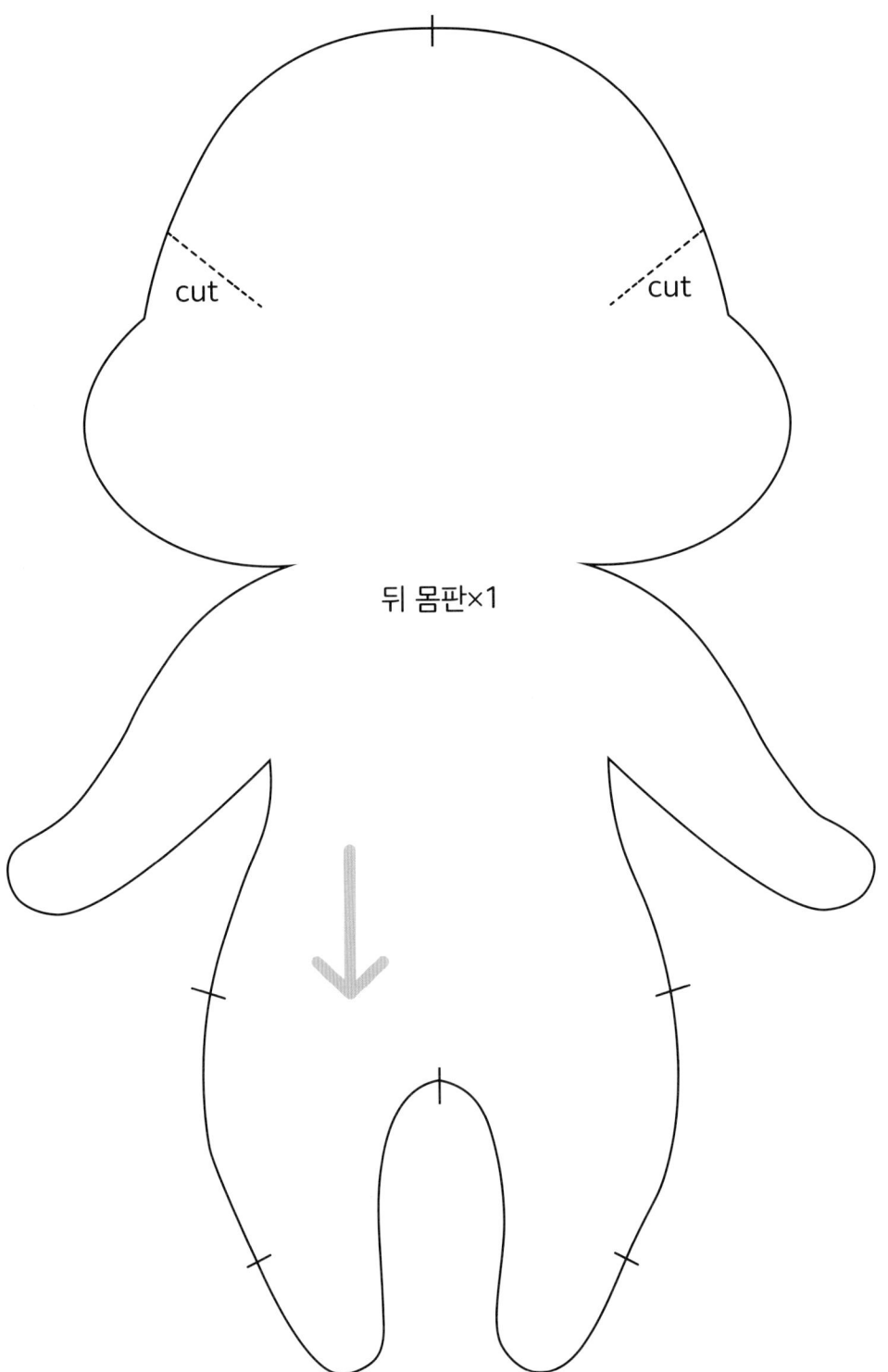

Stuffed animals ··· 판다 ✐ How to make 68p

눈×2

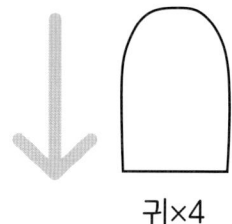
귀×4

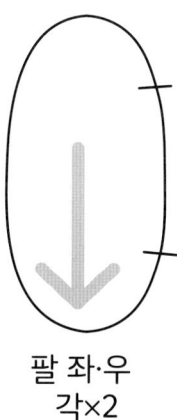
팔 좌·우
각×2

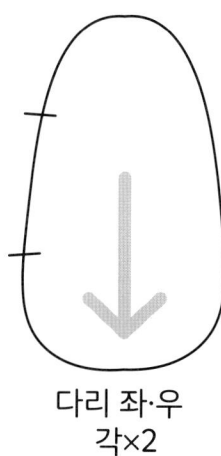
다리 좌·우
각×2

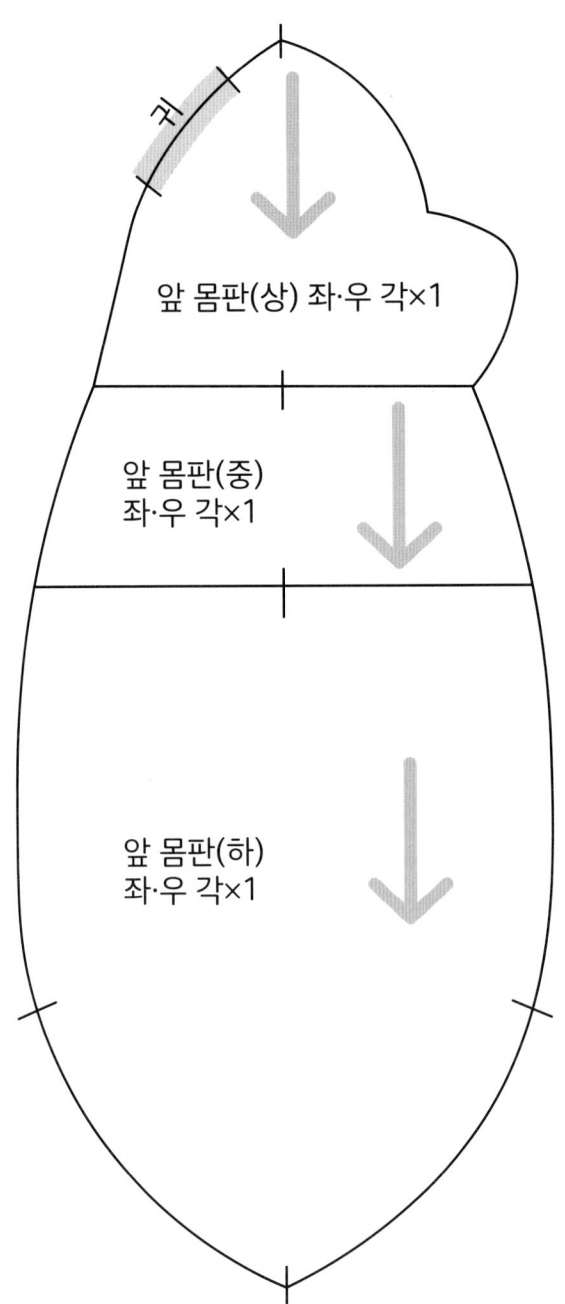

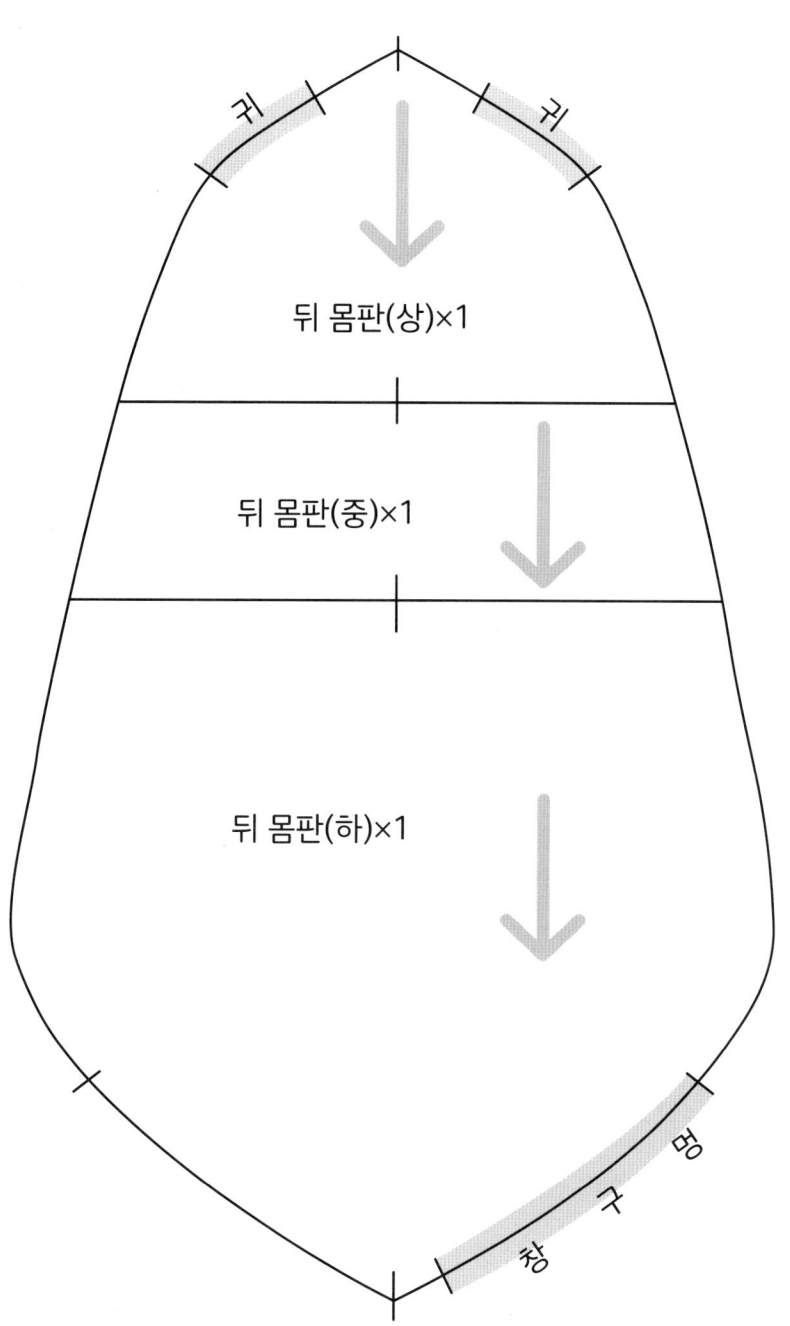

Stuffed animals ··· 펭귄 *How to make 74p*

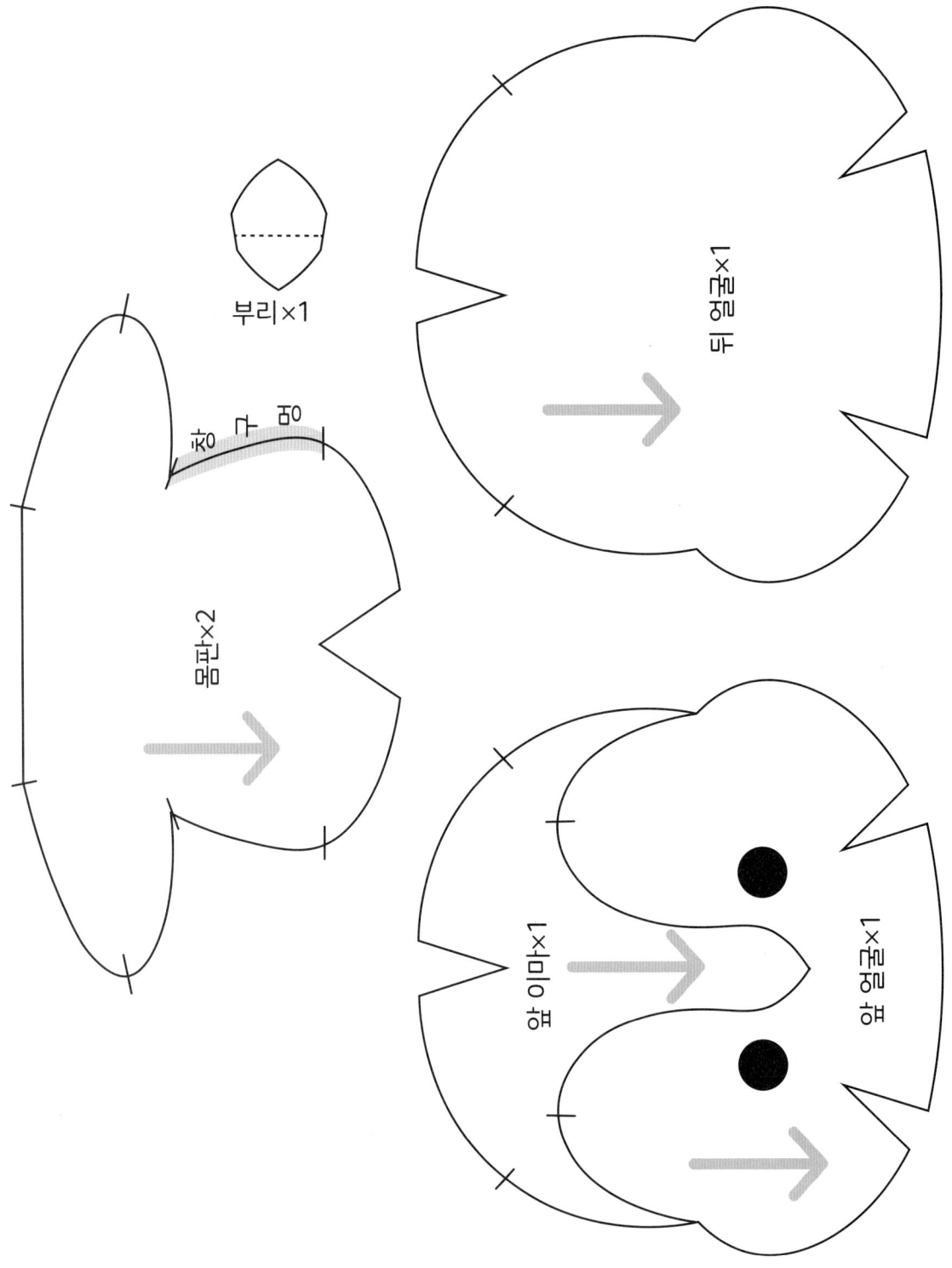

Stuffed animals ··· 멍멍이   How to make 78p

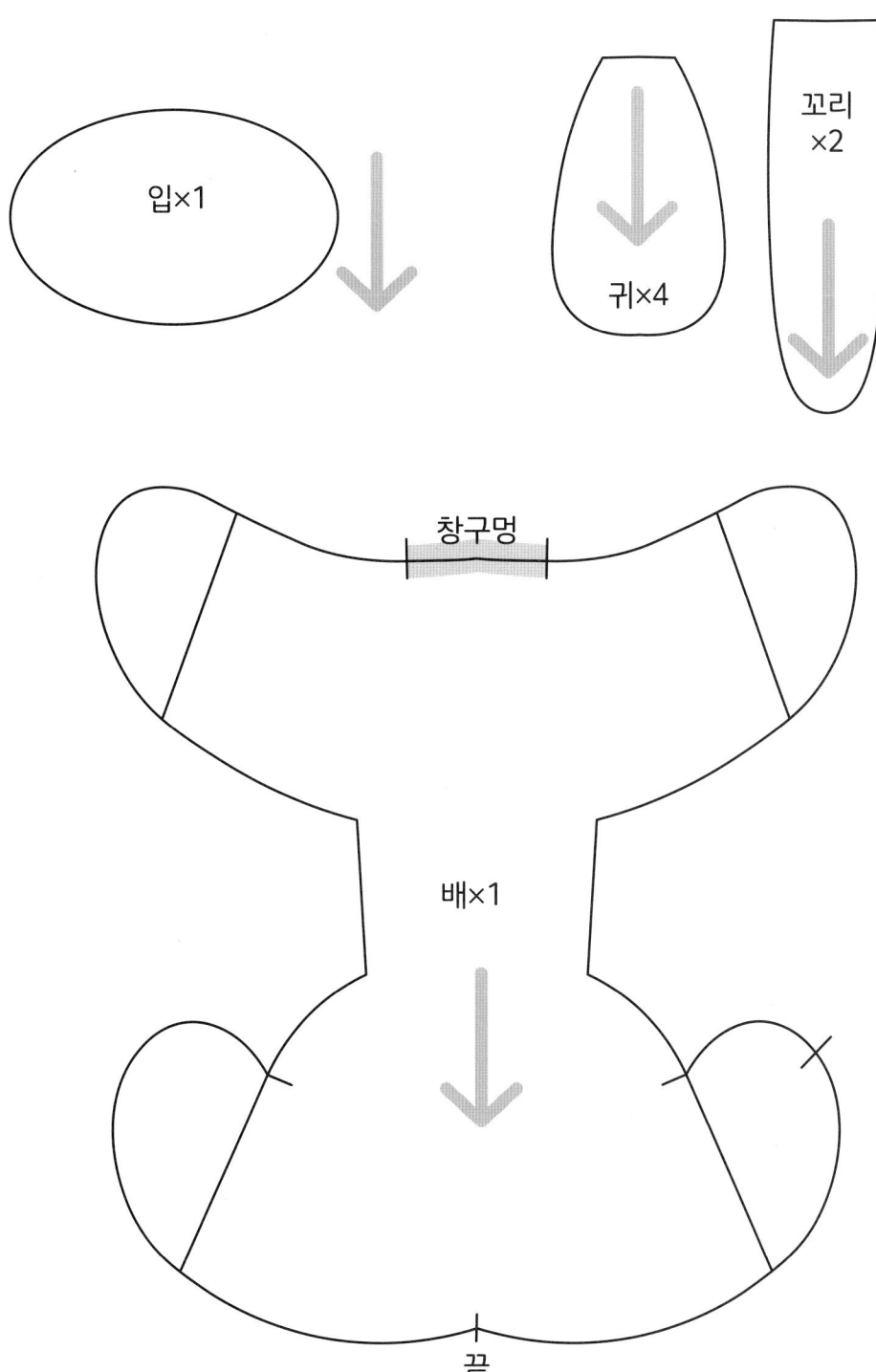

145

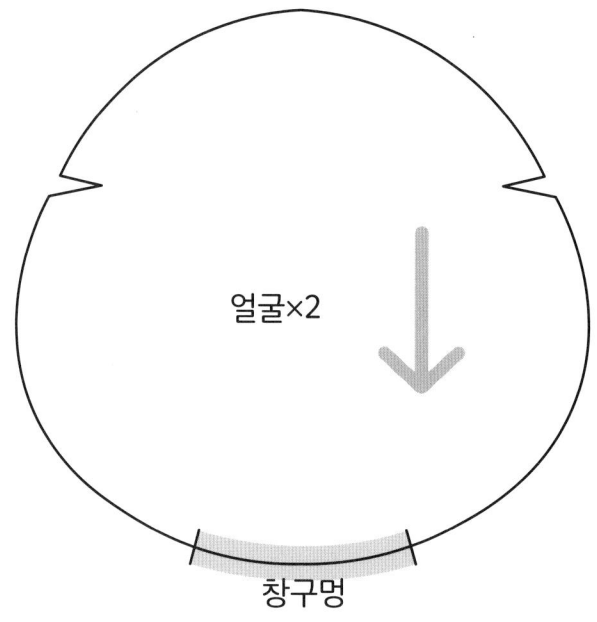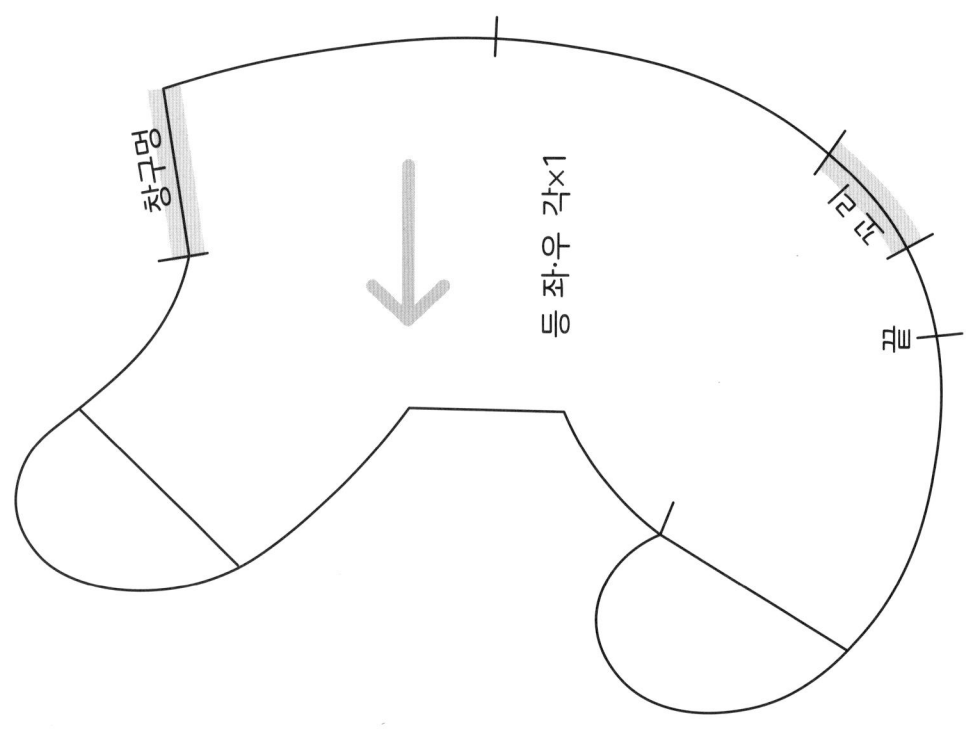

Stuffed animals ··· 공룡   How to make 84p

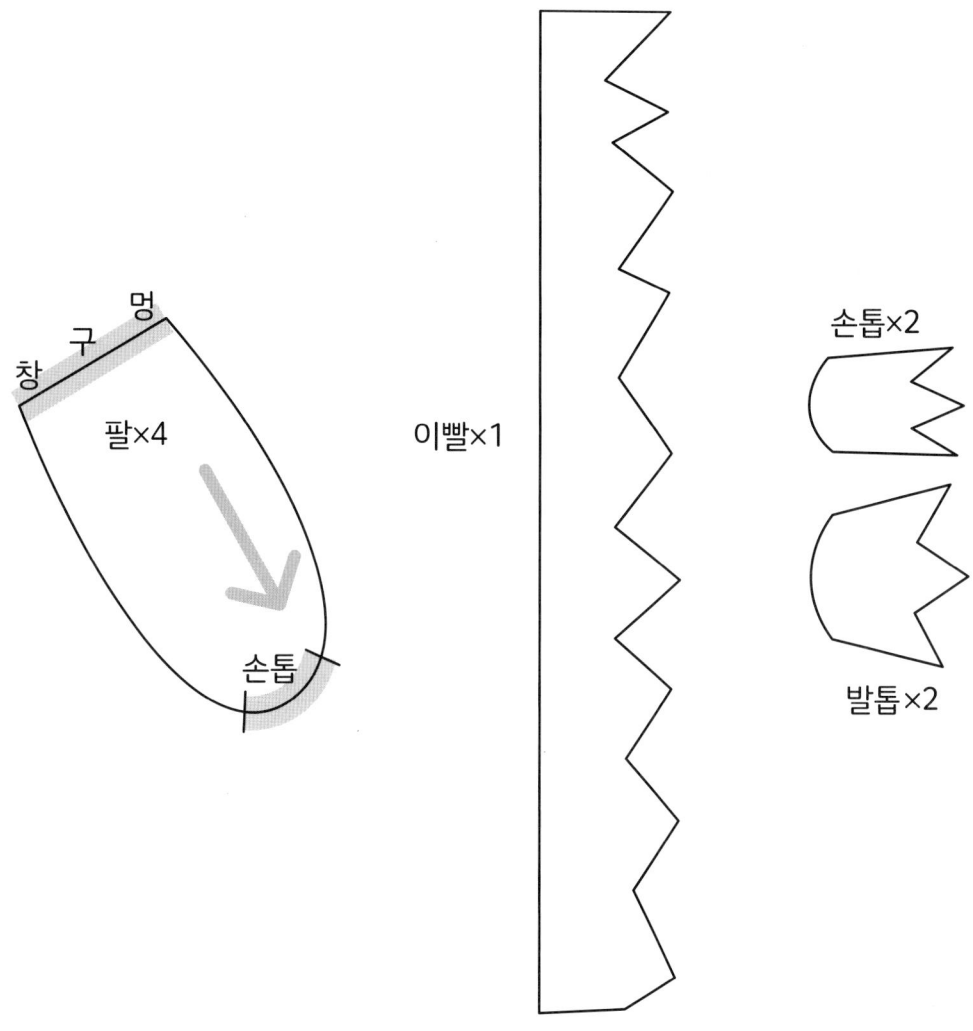

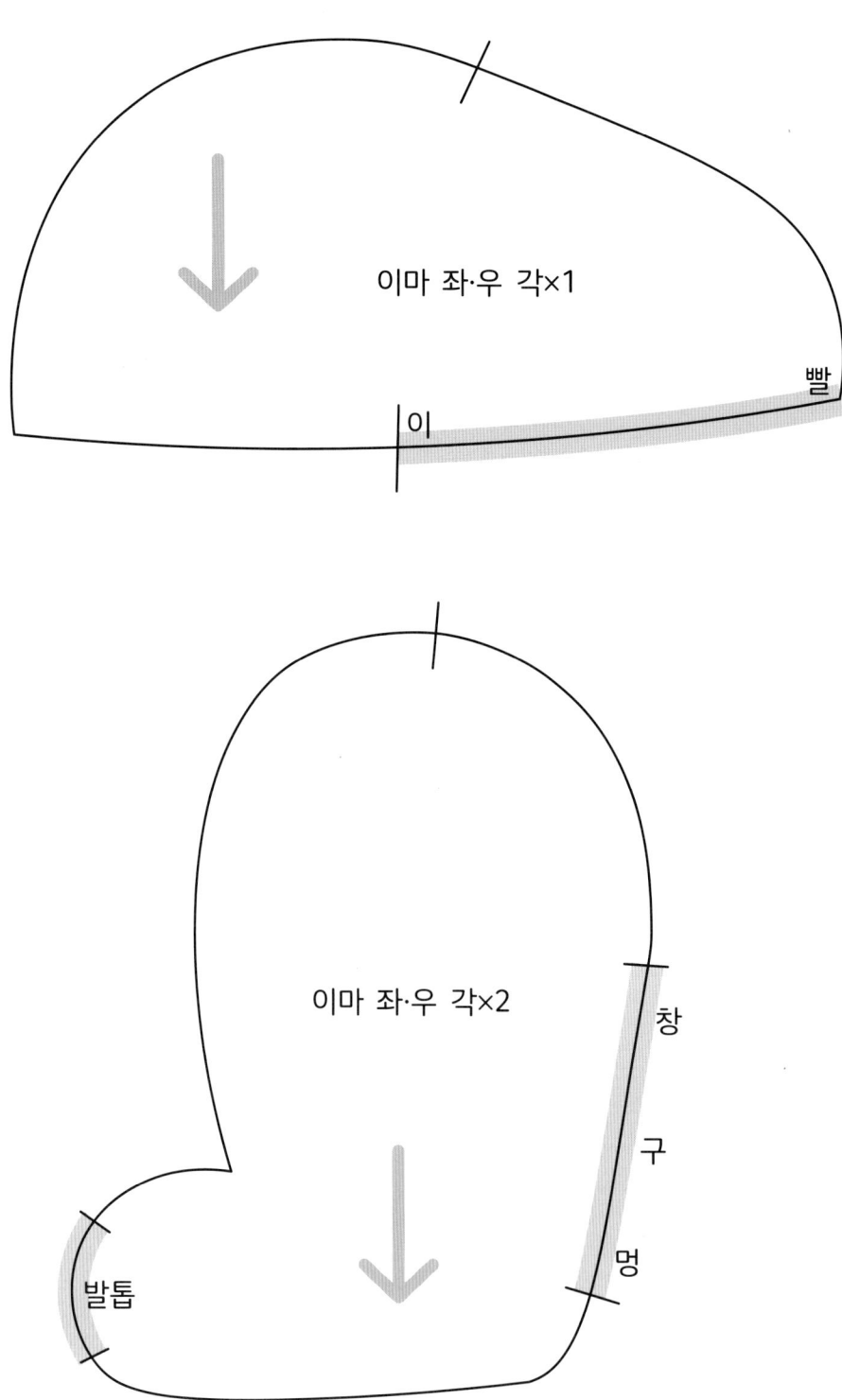

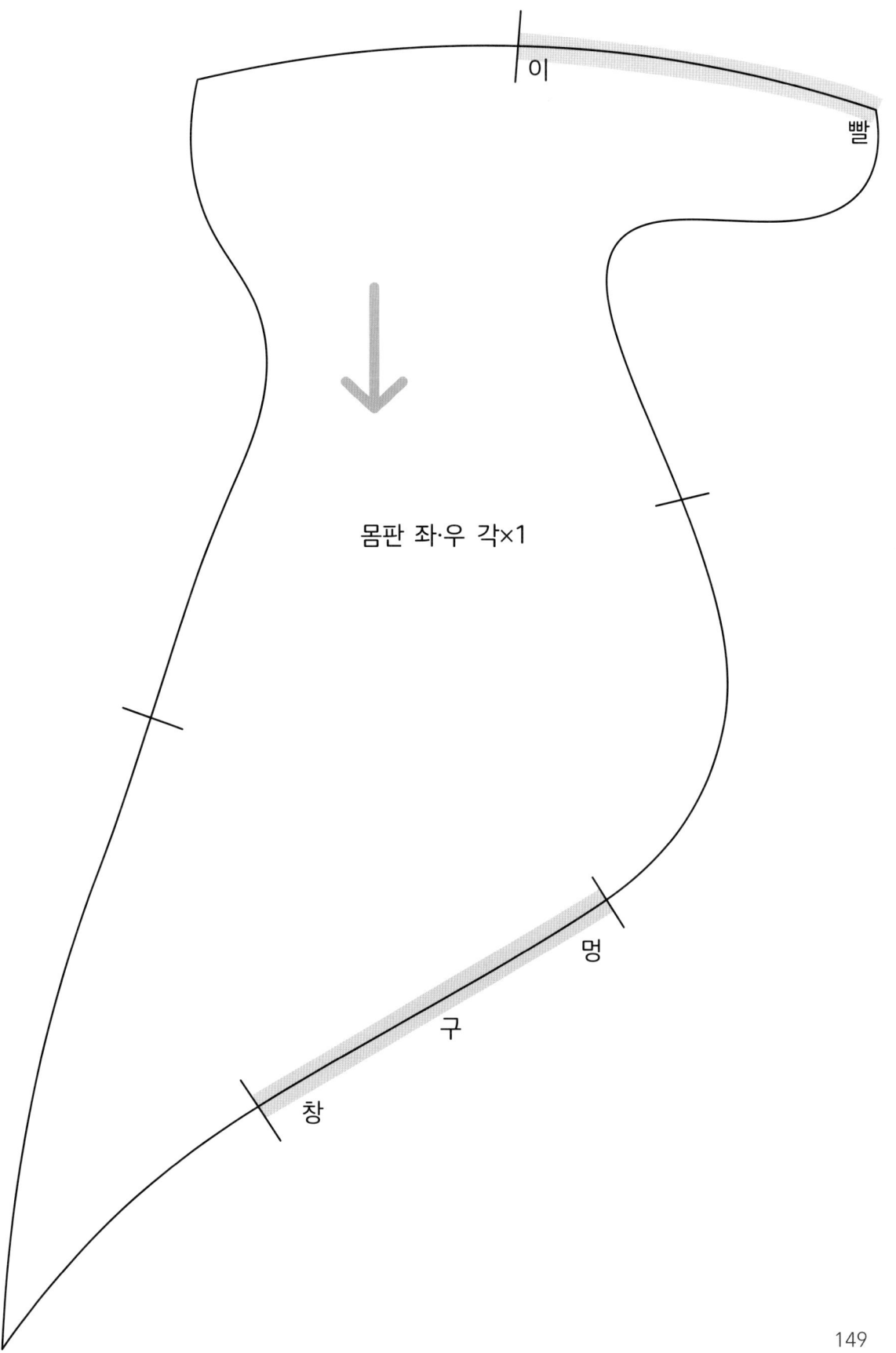

Stuffed animals ··· 여우
How to make 90p

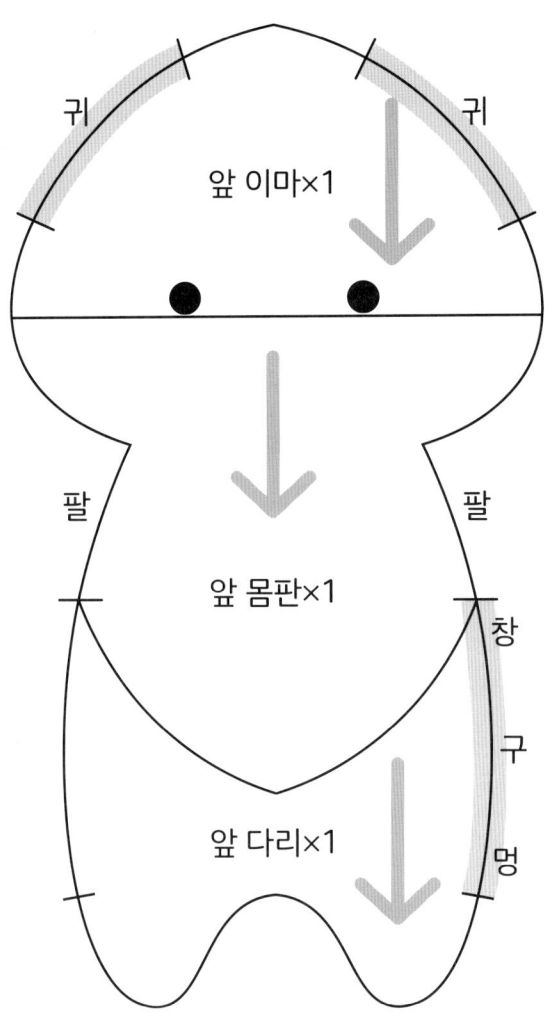

150

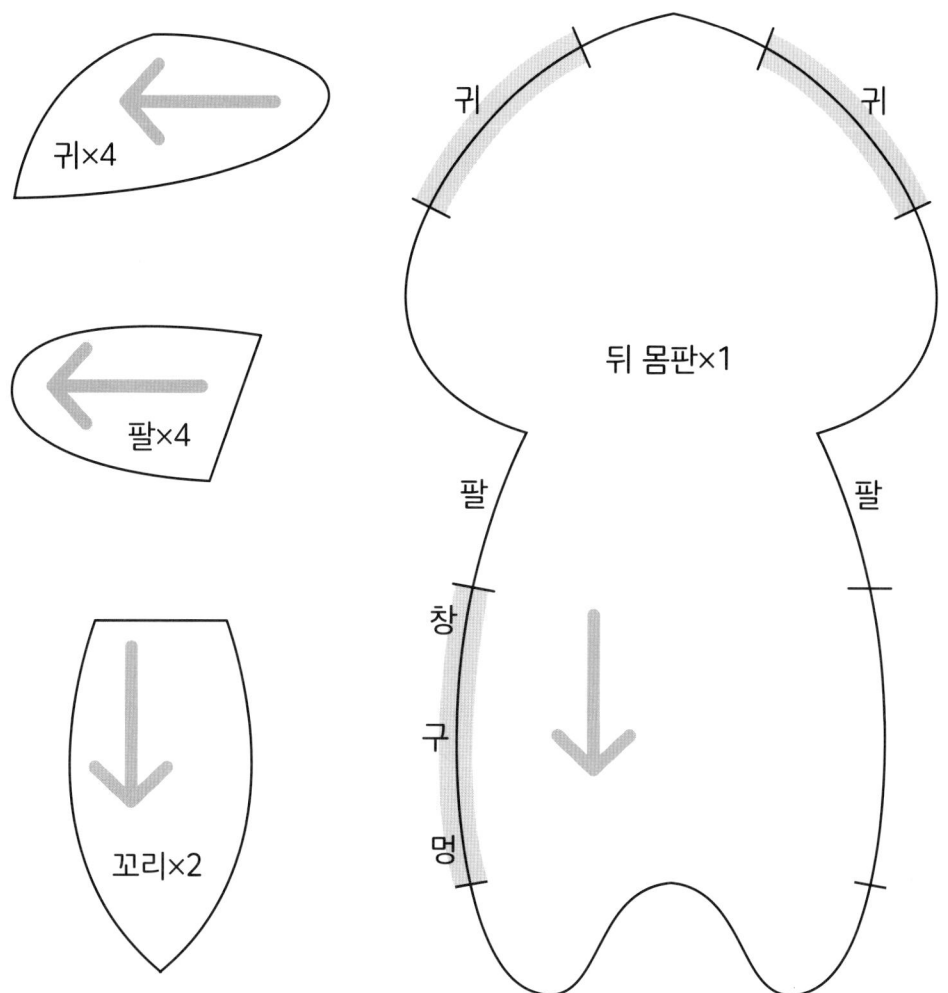

Stuffed animals ··· 다람쥐   ✎ How to make 96p

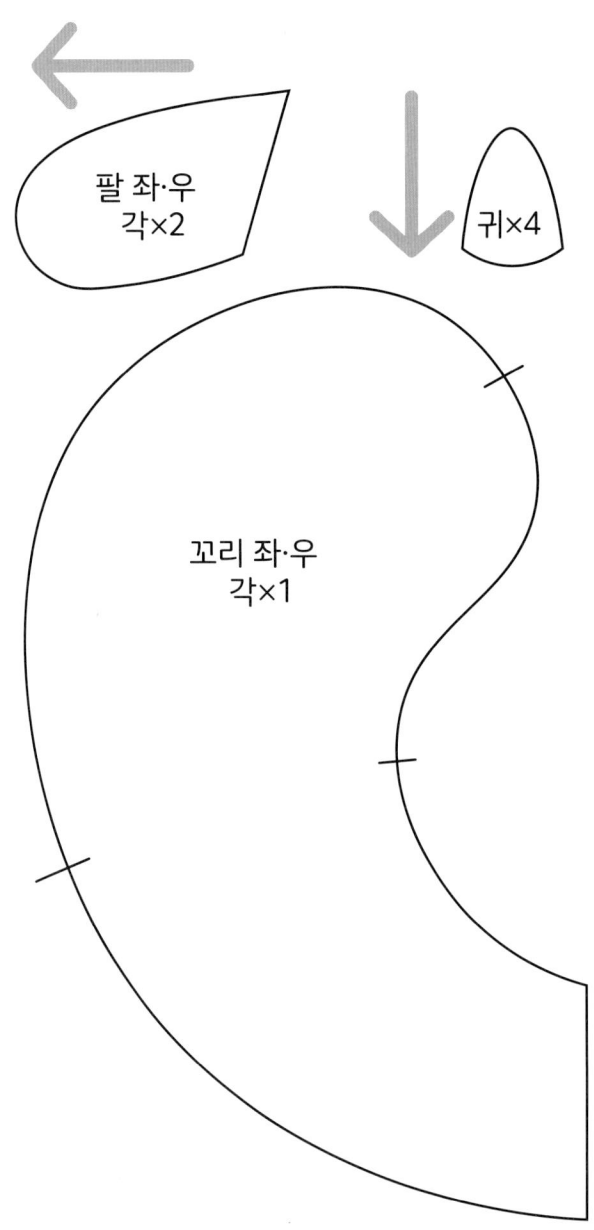

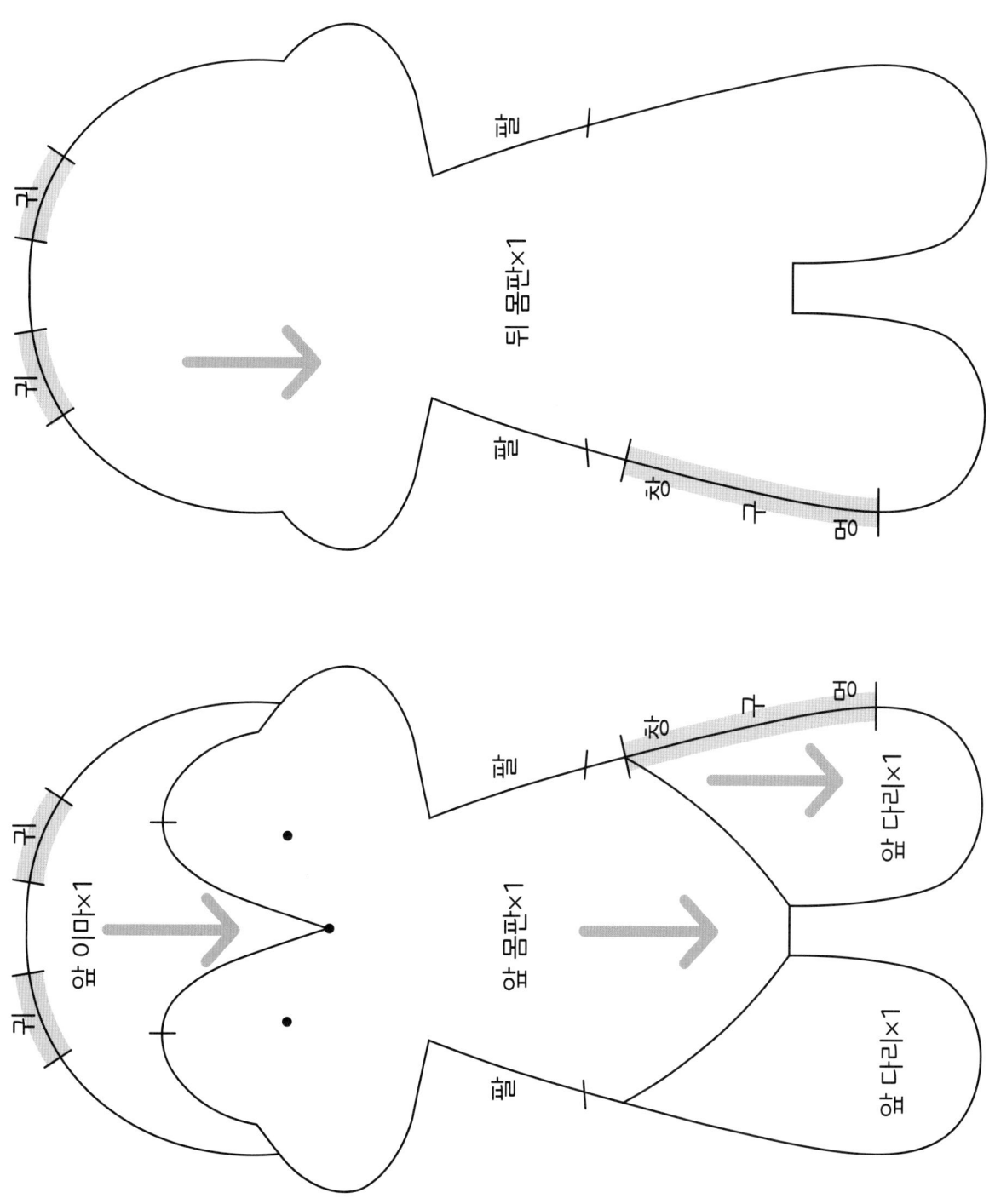

Stuffed animals ··· **고양이 얼굴 키링** How to make 100p

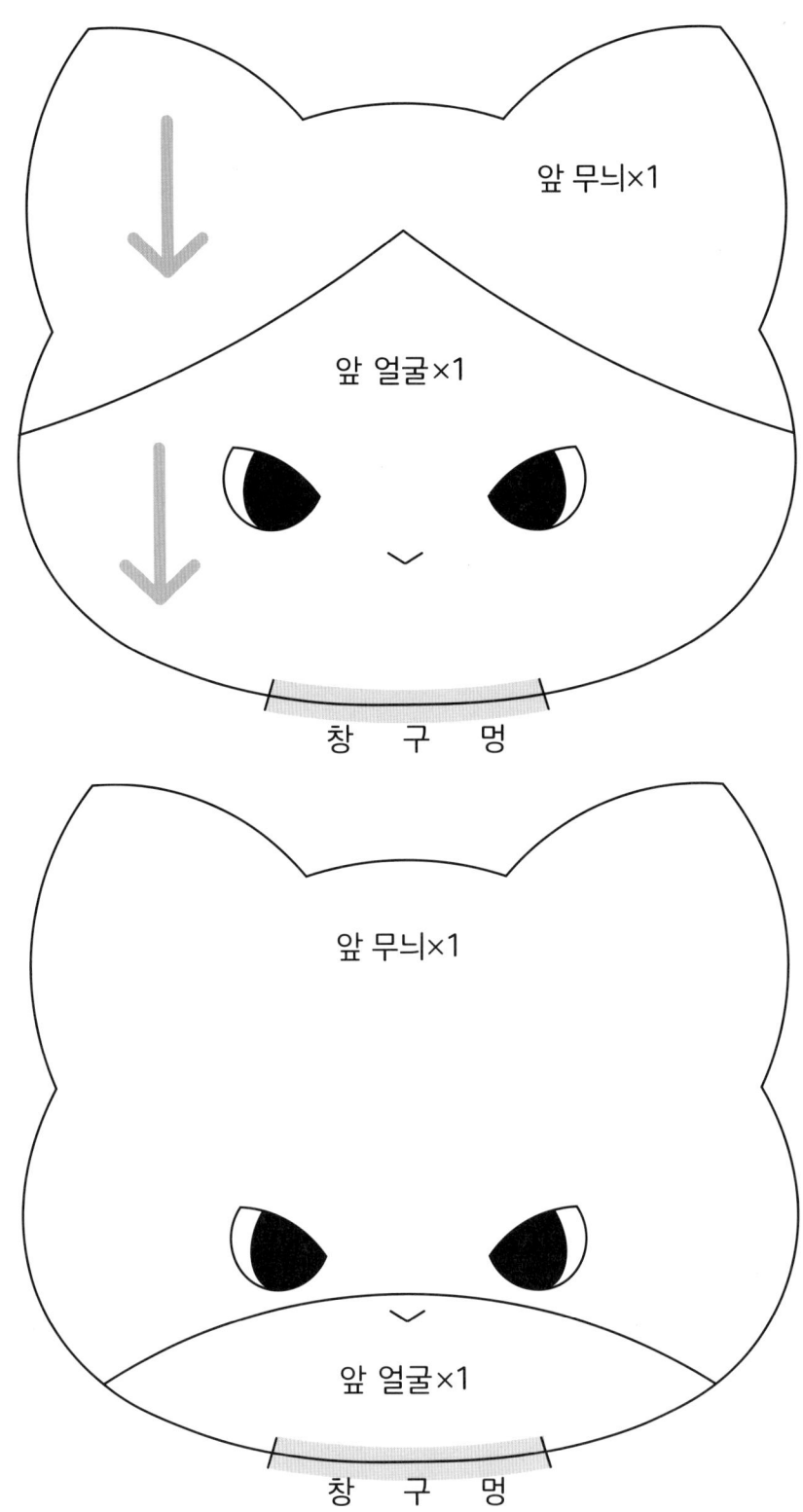

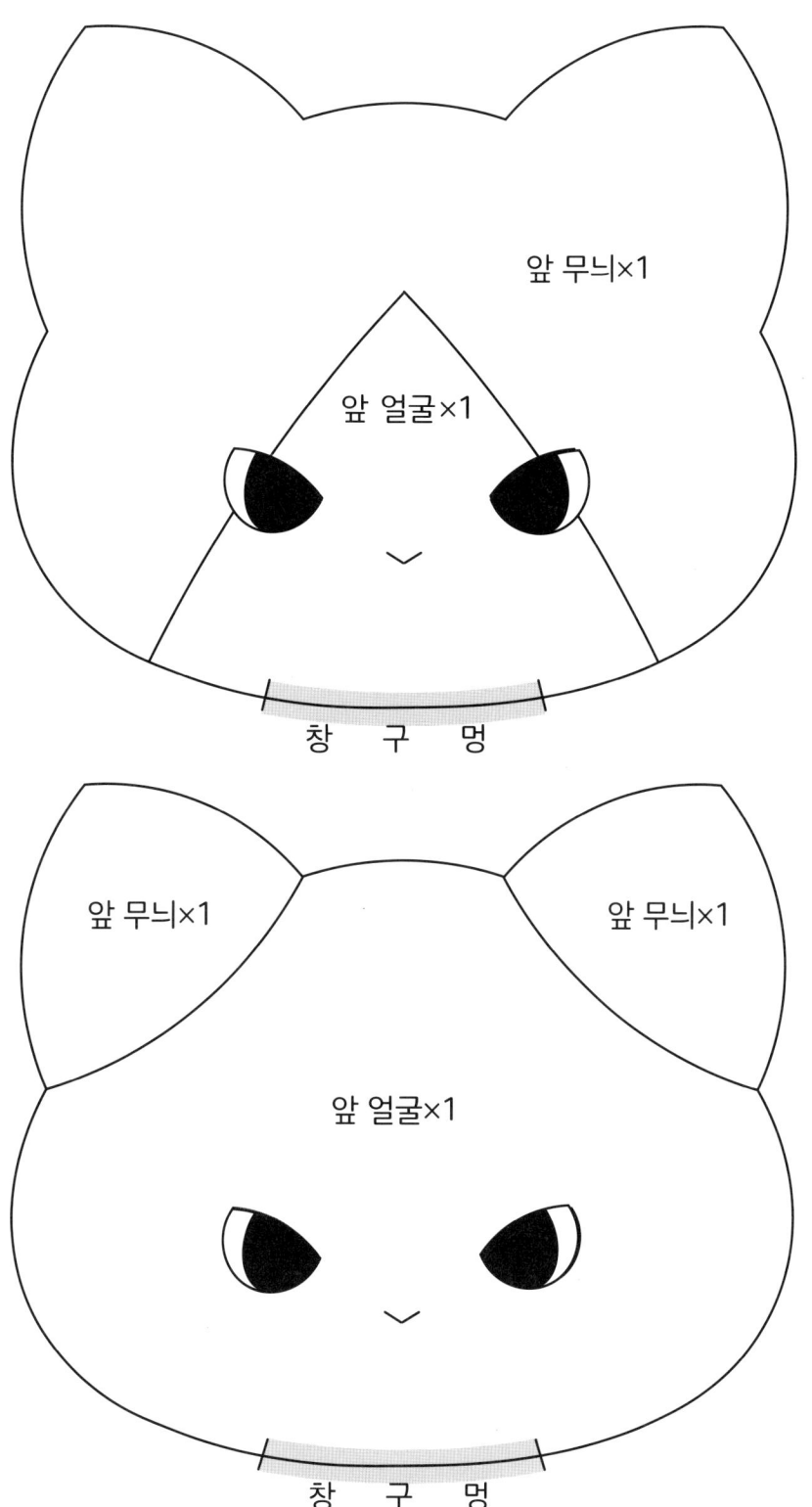

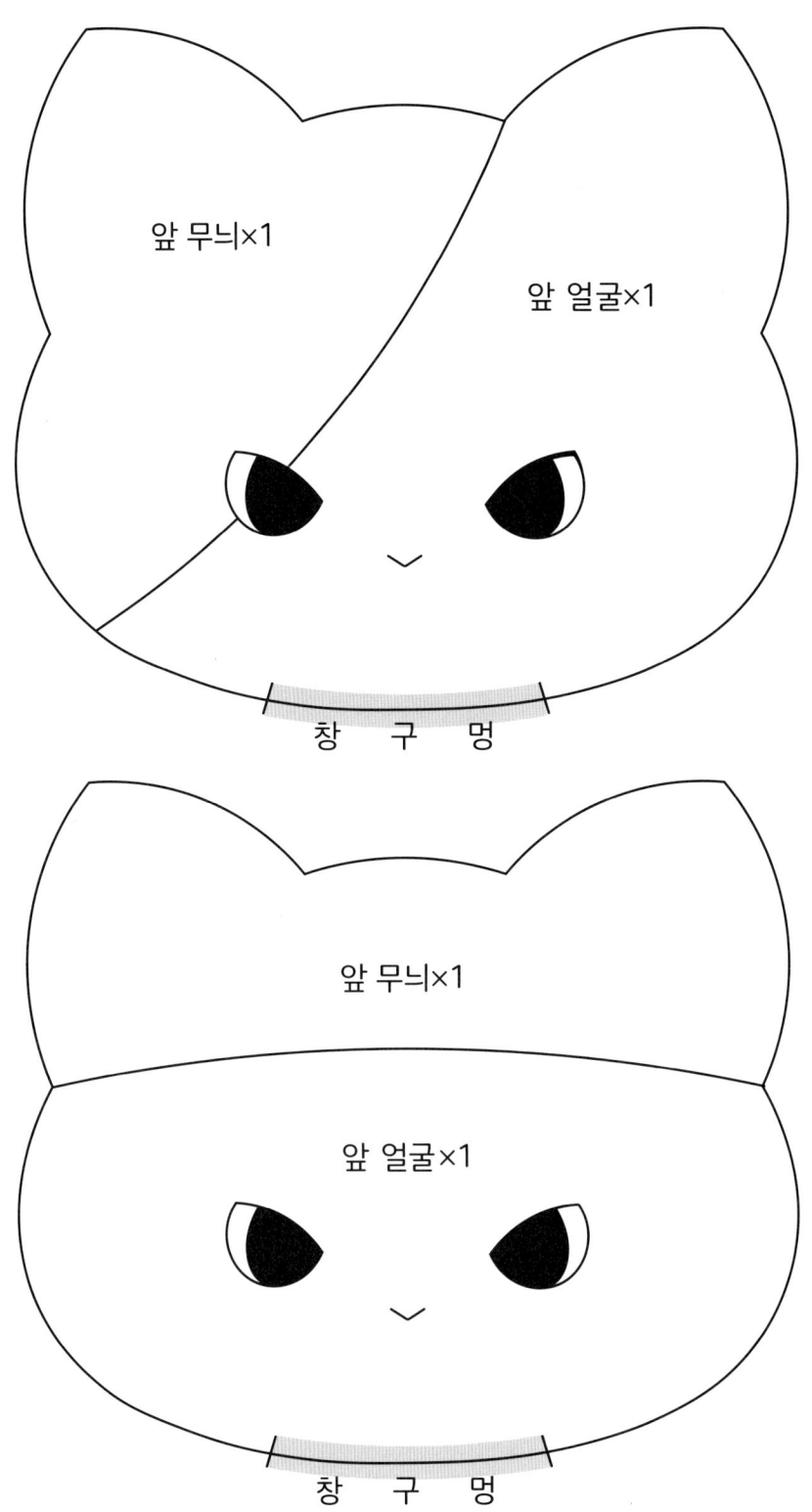

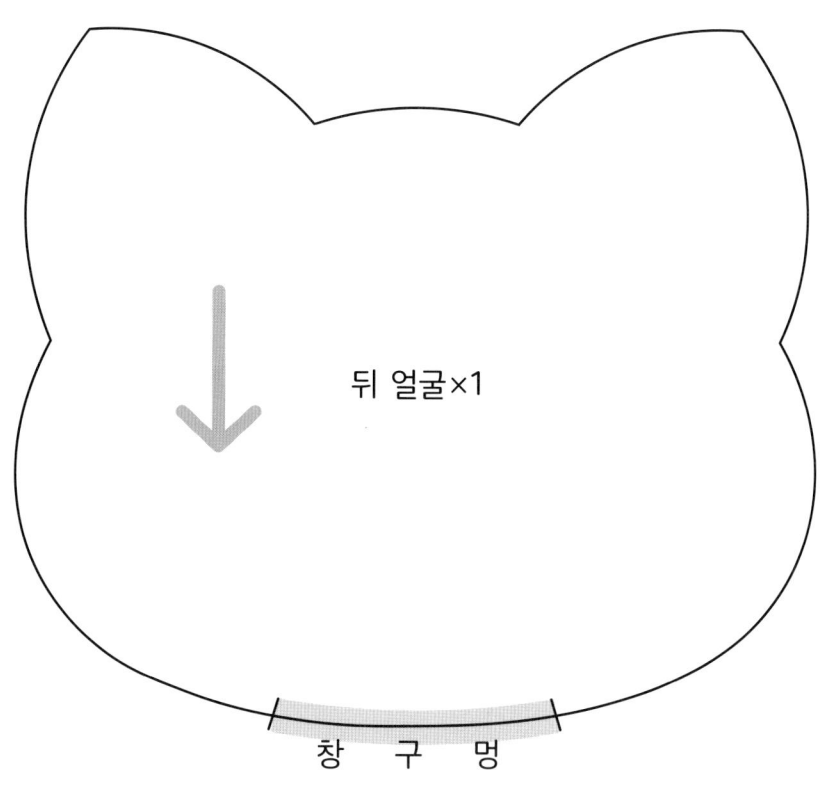

뒤 얼굴×1

창 구 멍

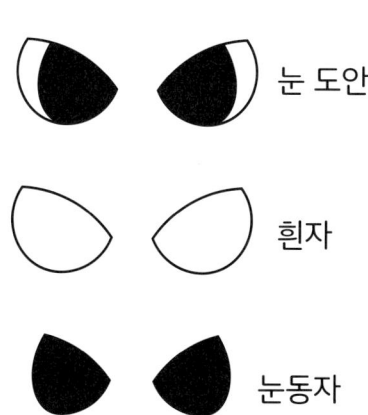

눈 도안

흰자

눈동자

Closet ··· 소품   How to make 108~128p

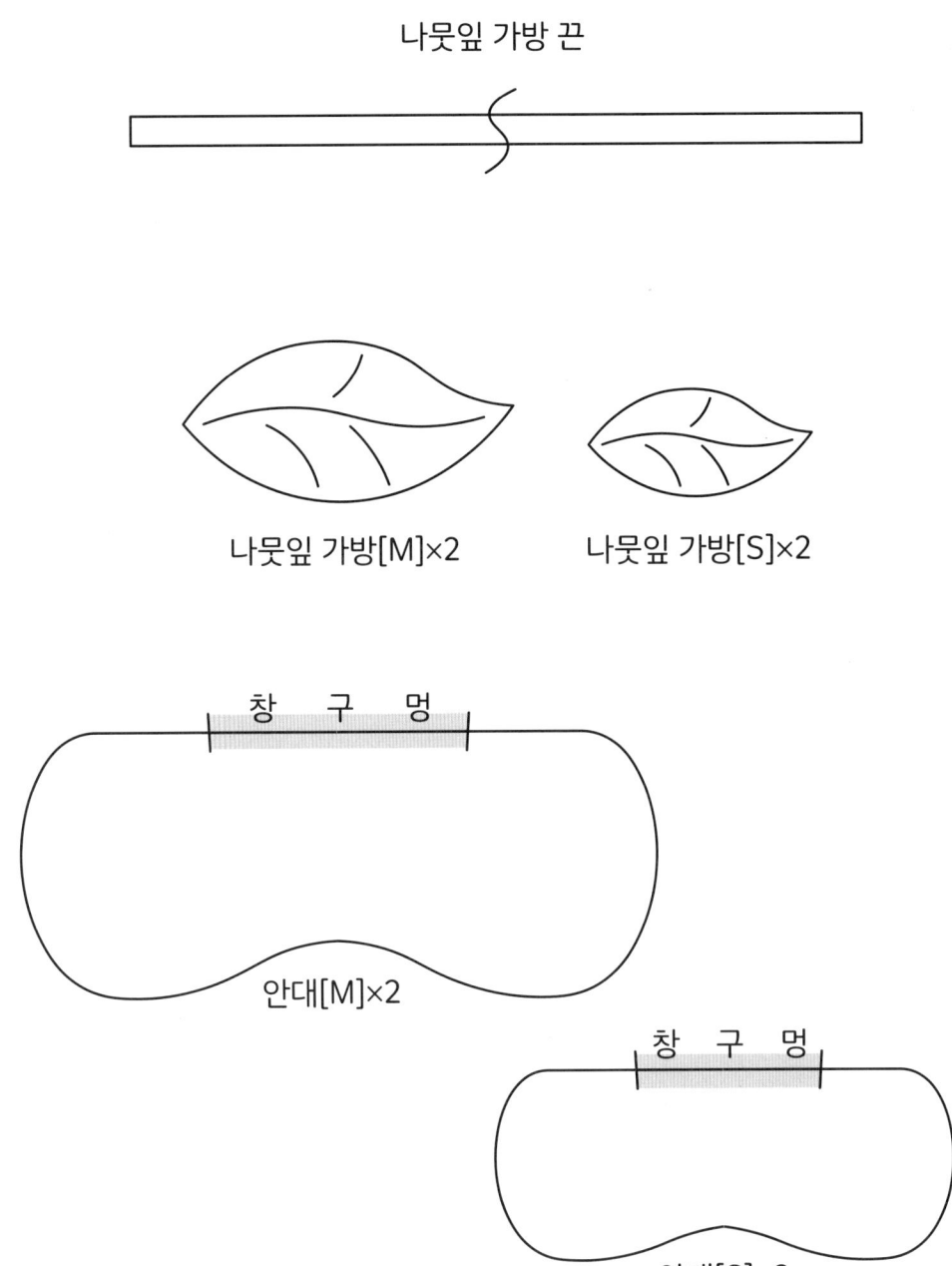

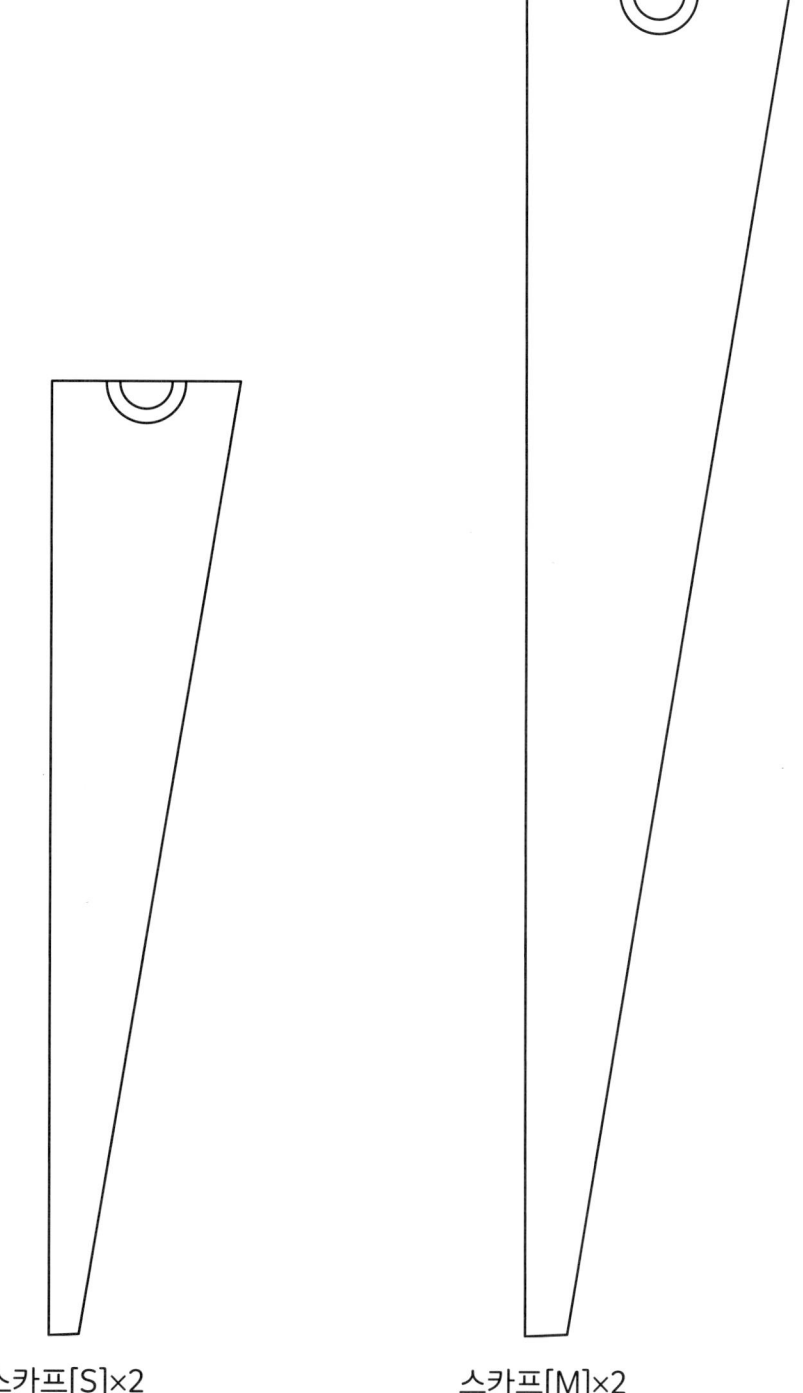

스카프[S]×2   스카프[M]×2

보닛[M]×2

보닛[S]×2

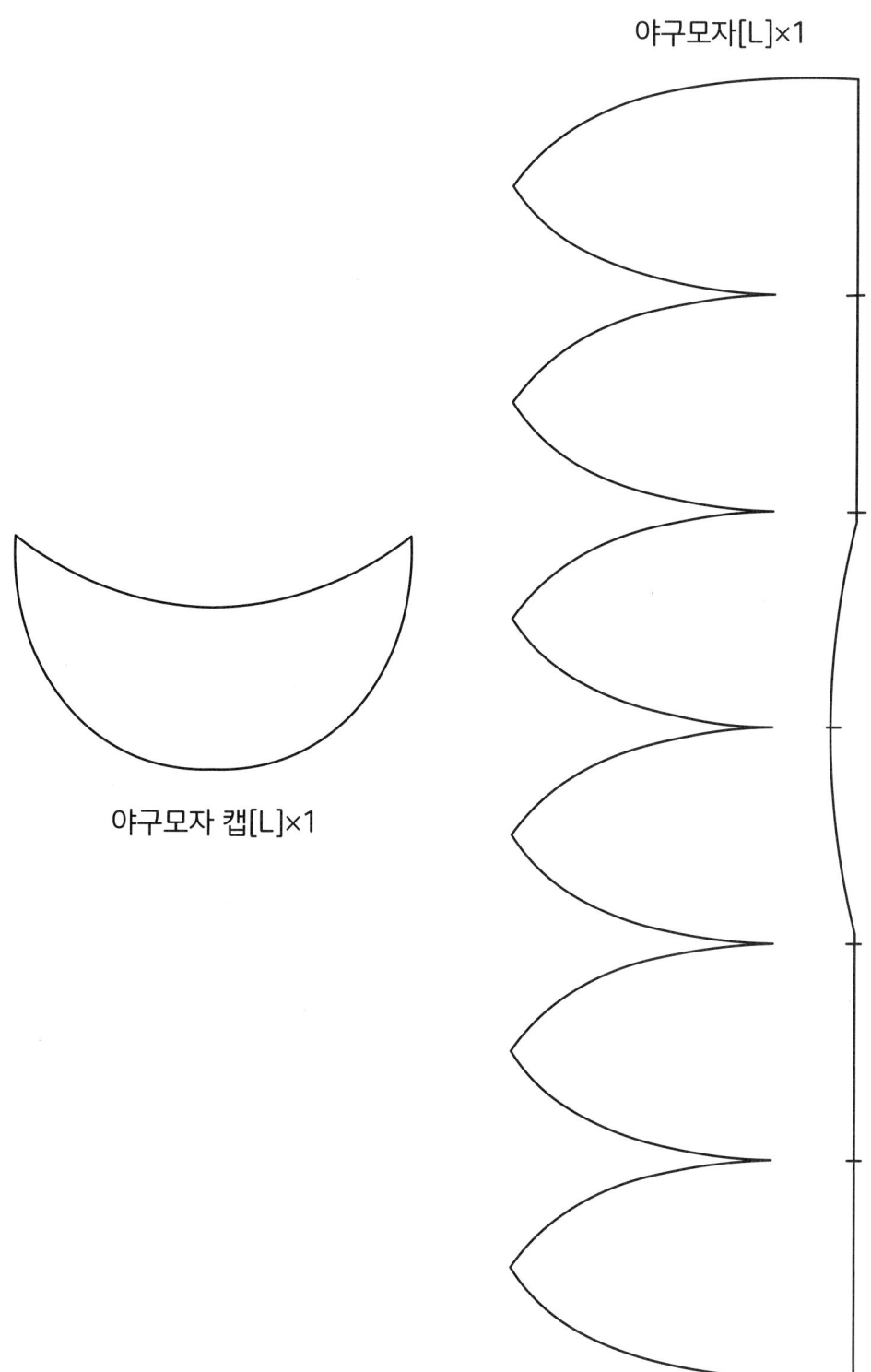

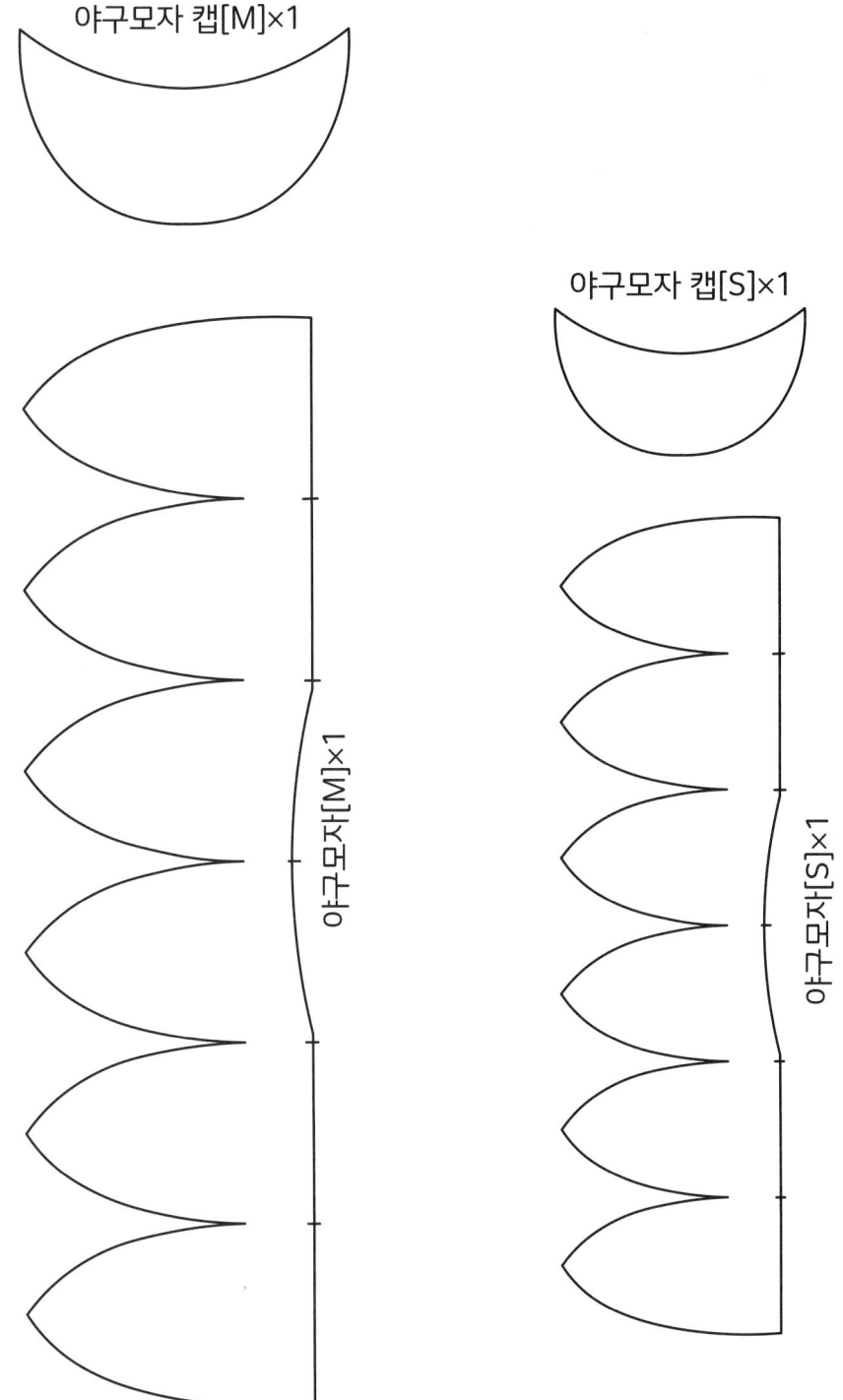

한 땀 한 땀, 내 손으로 완성하는
사랑스러운 솜인형과 소품

나의 첫 핸드메이드 솜인형

발행일 초판 1쇄 2024년 9월 1일

지은이 안지혜

발행인 박장희
대표이사 겸 제작총괄 정철근
본부장 이정아
편집장 조한별
책임편집 장여진

기획위원 박정호

마케팅 김주희 한륜아 이현지

디자인 부가트 디자인

발행처 중앙일보에스(주)
주소 (03909) 서울시 마포구 상암산로 48-6
등록 2008년 1월 25일 제2014-000178호
문의 jbooks@joongang.co.kr
홈페이지 jbooks.joins.com
네이버 포스트 post.naver.com/joongangbooks
인스타그램 @j_books

ⓒ 안지혜, 2024
ISBN 978-89-278-8058-5 (13630)

· 이 책은 저작권법에 따라 보호받는 저작물이므로 무단 전재와 무단 복제를 금하며 책 내용의
  전부 또는 일부를 이용하려면 반드시 저작권자와 중앙일보에스㈜의 서면 동의를 받아야 합니다.
· 책값은 뒤표지에 있습니다.
· 잘못된 책은 구입처에서 바꿔 드립니다.

중앙북스는 중앙일보에스㈜의 단행본 출판 브랜드입니다.